UTB

Eine Arbeitsgemeinschaft der Verlage

Böhlau Verlag · Wien · Köln · Weimar
Verlag Barbara Budrich · Opladen · Toronto
facultas.wuv · Wien
Wilhelm Fink · Paderborn
A. Francke Verlag · Tübingen
Haupt Verlag · Bern
Verlag Julius Klinkhardt · Bad Heilbrunn
Mohr Siebeck · Tübingen
Nomos Verlagsgesellschaft · Baden-Baden
Ernst Reinhardt Verlag · München · Basel
Ferdinand Schöningh · Paderborn
Eugen Ulmer Verlag · Stuttgart
UVK Verlagsgesellschaft · Konstanz, mit UVK/Lucius · München
Vandenhoeck & Ruprecht · Göttingen · Bristol
vdf Hochschulverlag AG an der ETH Zürich

Elke Wagner

Mediensoziologie

UVK Verlagsgesellschaft mbH · Konstanz
mit UVK/Lucius · München

Online-Angebote oder elektronische Ausgaben sind erhältlich unter
www.utb-shop.de.

Bibliografische Information der Deutschen Bibliothek
Die Deutsche Bibliothek verzeichnet diese Publikation in der Deutschen Nationalbibliografie; detaillierte bibliografische Daten sind im Internet über <http://dnb.ddb.de> abrufbar.

Einbandgestaltung: Atelier Reichert, Stuttgart
Einbandmotiv: Gabi Blum, Mainz
Lektorat: Marit Borcherding, München
Satz und Layout: Claudia Wild, Konstanz
Druck: fgb · freiburger graphische betriebe, Freiburg

UVK Verlagsgesellschaft mbH
Schützenstr. 24 · D-78462 Konstanz
Tel.: 07531-9053-0 · Fax 07531-9053-98
www.uvk.de
UTB-Band Nr. 4224
ISBN 978-3-8252-4224-4

Inhaltsverzeichnis

I. Einleitung

Medien spielen in der Soziologie zwar eine wichtige und prominente Rolle – einen einheitlichen Kanon zur Mediensoziologie muss man indes (noch) suchen. Dies liegt sicherlich mit daran, dass es bislang nur wenige Lehrbereiche innerhalb der Soziologie gibt, die sich ausdrücklich dem Thema Medien verschrieben haben. Dafür waren bisher die Kommunikationswissenschaften, die Literaturwissenschaften oder die Medienphilosophie zuständig. Erst seit jüngerer Zeit ändert sich die Forschungslandschaft und es gibt immer mehr Lehrbereiche, die dezidiert zur Mediensoziologie forschen. Dabei hat die Soziologie zum Thema Medien einiges zu bieten. Das vorliegende Buch möchte auf den folgenden Seiten verschiedene dieser Beiträge vorstellen.

1. Medien als soziologischer Forschungsgegenstand

In soziologischen Gesellschaftstheorien können Medien auf unterschiedlichen Ebenen vorkommen. Einerseits spielen sie im Gegenstandsbereich von Theorien innerhalb der Soziologie oftmals eine wichtige Rolle. Sei es nun das Fernsehen (Adorno 1963; Postman 1985), die Fotografie (Bourdieu 2006), das Geld (Simmel 1989), das Pressewesen (Habermas 1962/1990), die Werbung (Illouz 2007) oder das Internet (Castells 2001) – immer wieder werden Medien im Rahmen soziologischer Studien als prominentes Thema verhandelt. Gleichzeitig tauchen Medien auch auf der Theorieebene von Gesellschaftstheorien auf, wo sie eine Rolle für die theoretische Beschreibung von Gesellschaften spielen. Zu nennen wäre hier etwa die von Jürgen Habermas (1981) entwickelte Theorie des kommunikativen Handelns. Für Habermas sind es besonders die Sprache und ihre medientheoretischen Implikationen, die eine zentrale Rolle in der Praxis moderner Gesellschaften einnehmen. Über die kommunikative Rationalität der Sprache sind lebensweltliche Bereiche des Sozialen vermittelt, so Habermas. Aber auch andere Gesellschaftstheorien beinhalten medientheoretische Implikationen. So hat etwa Niklas Luhmann im Rahmen seiner Systemtheorie eine umfassende Medientheorie vorgelegt (Luhmann 1997). Die Luhmann'sche Systemtheorie lässt sich deshalb durchaus als eigenständige Medientheorie lesen. Diese wenigen Hinweise mögen als Beispiel dafür genügen, dass Medien für die Soziologie von entscheidender Bedeutung sind.

Tatsächlich aber liegen nur wenige Werke vor, die einen systematischen Rundgang durch mediensoziologische Arbeiten unternehmen (siehe etwa Jäckel 2005, sowie Ziemann 2006). Die meisten prominenten medientheoretischen Arbeiten sind in der Medienphilosophie und in der kulturwissenschaftlichen Medienforschung verortet. So stammt auch der bekannteste medientheoretische Satz von einem Literaturwissenschaftler: Marshall McLuhans Diktum, dass das Medium die Botschaft ist und nicht deren Inhalt (»The Medium is the Message«; McLuhan 1964), gilt nach wie vor als Begründungssatz der Medientheorie. Aber nicht nur dies: Mit diesem einem Slogan ähnlichen Satz wurde zum ersten Mal einer breiteren Öffentlichkeit deutlich gemacht, dass Medien als zentraler Gegenstand innerhalb moderner Gesellschaften anzusehen sind. Marshall McLuhan erregte mit seiner These auch außerhalb der Wissenschaft Aufmerksamkeit.

Durch die neueren Entwicklungen im Medienbereich ist der Satz von Marshall McLuhan mehr als bestätigt worden. Medien spielen in der zeitgenössischen Gesellschaft eine zentrale Rolle, ablesbar an den aktuellen Diskussionen im Feuilleton. Tag für Tag steht darin etwas über das veränderte Verhältnis von Öffentlichkeit und Privatheit, das durch den Einsatz neuer Medien hervorgerufen werden sein soll (Post-privacy-Debatte), über die neuen Möglichkeiten der Geheimdienste, unsere privaten Daten abzuhören (NSA-Debatte) oder über die neue Möglichkeit von Firmen, auf unsere Kundendaten zurückgreifen zu können (Big Data-Debatte). Die Diskussionen um die Offenlegungspraktiken durch den früheren Geheimdienstmitarbeiter Edward Snowden oder den WikiLeaks-Gründer Julian Assange offenbaren, wie dramatisch sich bisher etablierte Formen von Öffentlichkeit durch den Einsatz neuerer Medien wandeln bzw. schon gewandelt haben. Wir stecken also mitten drin in einem sozialen Wandel, der durch neuere Medien zumindest unterstützt, wenn nicht sogar durch sie beschleunigt wird. Umso mehr lohnt es sich aus soziologischer Sicht, Medien als Forschungsgegenstand auszuwählen und sich damit auseinanderzusetzen.

2. Aufbau des Buches

Wie bereits dargestellt, speist sich eine Mediensoziologie einerseits aus eigenständigen, dezidiert soziologischen Beiträgen zum Thema Medien. Medien als Forschungsgegenstand sind aber auch ein klassisches Schnittmengenthema, auf das sich unterschiedliche Forschungstraditionen richten. Zu nennen sind hier insbesondere die Literaturwissenschaften, die Kulturwissenschaften, die Medienphilosophie und die Kommunikationswissenschaften. Diese Einführung bedient sich einiger Einsichten aus der Kulturwissenschaft und der Medienphilosophie, weil dort erstmals der Forschungsgegenstand der Medien konstituiert wurde. Innerhalb der Kulturwissenschaften wurde erstmalig postuliert, dass es die Medien der Gesellschaft sind, denen besondere Aufmerksamkeit zuteil werden muss, wenn es um Forschungsfragen geht. Die vorliegende Einführung stellt Bezüge zu medientheoretischen Erkenntnissen der Kulturwissenschaften und der Medienphilosophie her, versucht aber auch, den eigenständigen Wert von soziologischen Beschreibungen zur Medientheorie herauszuarbeiten. Zudem basiert dieses Buch auf der Annahme, dass eine Mediensoziologie auf unterschiedlichen Ebenen auf den Forschungsgegenstand Medien stößt. Beschäftigt man sich soziologisch mit dem Thema, so stellt man schnell fest, dass unterschiedlichste Gegenstände als Medien auftreten können. Es sind also nicht nur die Massenmedien, auf die sich der Blick der Forschenden richtet. Es zeigen sich vielmehr unterschiedlichste Phänomene, die als Medien eine Rolle spielen können. Aus der Sicht von Marshall McLuhan etwa kann all das als Medium verhandelt werden, was zur Verlängerung der menschlichen Sinnesorgane dient (»extensions of men«). Niklas Luhmann schlägt wiederum einen dreistelligen Medienbegriff vor, der auf verschiedenen Ebenen innerhalb der Theorie, aber auch auf der Gegenstandsebene wirksam wird. Und für Jürgen Habermas ist es wie gesagt vor allen Dingen die Sprache, die einen entscheidenden Beitrag zur Modernisierung der Gesellschaft leistet. Man muss auf die Diversität an Medienbegriffen nicht enttäuscht reagieren, führt sie innerhalb der Soziologie und der kulturwissenschaftlichen sowie philosophischen Medientheorie doch vor, dass die Notwendigkeit besteht, einen **Medienbegriff** zur Verfügung zu haben. Wichtig für eine mediensoziologische Perspektive ist es, zunächst auf der theoretischen Ebene zu wissen, was man unter einem Medium verstehen möchte – und was nicht. Was kann unter welchen Bedingungen zu einem Medium gemacht werden – und was nicht?

All dies sind medientheoretische Fragen. Diese Einführung versucht deshalb, in einem ersten Schritt sich diesen medientheoretischen Beiträgen anzunähern. Der erste Teil (A) widmet sich deshalb der **Medientheorie**, um Einsteigern einen Überblick zu vermitteln, welche Medienbegriffe innerhalb der medienwissenschaftlichen Forschung bereits vorhanden sind. Hier stößt man auf unterschiedliche Traditionen. Zunächst (Kap. I und II) werden die medientheoretischen Implikationen der kulturwissenschaftlichen Medientheorie (Innis; McLuhan; Kittler) verhandelt. Die hier vorgestellten Beiträge präsentieren zentrale Einsichten innerhalb der Medientheorie, die auch für eine Mediensoziologie unerlässlich sind. Die beiden darauf folgenden Kapitel (Kap. III und IV) richten ihren Fokus auf dezidiert soziologische Beiträge zur Medientheorie. Hier werden die nach wie vor einflussreichen Ansätze der Kritischen Theorie verhandelt. Zudem werden die in der Mediensoziologie nicht minder bedeutenden Beiträge der Media Studies innerhalb der Cultural Studies besprochen. Während die Medientheorie der Kulturwissenschaften ihren Blick vordringlich auf die Praxis von Medien richtet, fragt eine soziologisch informierte Medientheorie nach dem Zusammenhang von Medien und Gesellschaft: Welchen Einfluss haben Medien auf soziale Praktiken? Während die Medientheorie stärker nach den Eigenschaften von Medien fragt, richtet sich eine mediensoziologische Perspektive zumeist auf die Wirkungen von Medien. Dieser Unterschied wird noch einmal im Vergleich der Kapitel V und VI deutlich. In Kapitel V werden unterschiedlich medientheoretisch informierte Beiträge vorgestellt (Krämer, Tarde, Latour), die eine bestimmte Eigenschaft von Medien herausarbeiten, nämlich dass sich Medien im praktischen Vollzug unsichtbar machen. Es geht hier also um die praktische Qualität von Medien. Kap. VI wiederum beschreibt die eher soziologisch grundierte Medientheorie von Niklas Luhmann, die fragt, welche sozialen Probleme der Einsatz von Medien löst.

Eine mediensoziologische Perspektive darf sich aber nicht allein auf die Klärung von Begriffsfragen beschränken. Schließlich geht es ihr um eine praktische Beforschung von Medien, also immer auch um die Empirie, um eine **praxisbezogene Mediensoziologie**. Dieser Perspektivierung widmet sich der zweite Teil des Buches (B). Dabei zeigt sich, dass Medien zwar nahezu überall auftauchen, dass sie empirisch-praktisch aber gar nicht so leicht zu fassen sind. Medien sind Mittler, die Botschaften übertragen – sie schleichen sich dabei in den Übermittlungsvorgang ein und prägen diesen. Gleichzeitig machen sich Medien im praktischen Vollzug unsichtbar. Wie kann man dann aber Medien empirisch-praktisch beforschen? Diese Einführung kann darauf keine allumfassende Antwort geben. Schließlich handelt es sich bei der Antwort auf diese Frage um konkrete, forschungspraktische Angelegenheiten, die immer im Einzelfall im Hinblick auf das konkrete Forschungsthema geklärt werden müssen. Was hier indes versucht werden soll, ist, Gegenstandsbereiche aufzuzeigen, in denen Medien für soziale Praktiken eine Rolle spielen (können). Soziale Praktiken herauszuarbeiten, die hochgradig über Medien vermittelt sind, ist mit anderen Worten Gegenstand des zweiten Buchteils. Es kommen dabei unterschiedliche Phänomene zur Sprache. Einmal stellt sich die Frage, wie Medien eine soziale Identität vermitteln (Kap. I). Hier spielt der Ansatz von George Herbert Mead, aber auch der von Jürgen Habermas eine Rolle. Weiterhin geht es um die Themen Liebe (Kap. II) und Öffentlichkeit (Kap. III). Schließlich beschäftigt sich dieser Teil mit Praktiken der Populärkultur (Kap. IV) und widmet sich abschließend der Frage, inwiefern Globalisierungsprozesse durch Medien vermittelt sind (Kap. V). Die Wirksamkeit von Medien wird hier am konkreten Gegenstand sichtbar und erfahrbar.

Das vorliegende Buch richtet sich an Studierende im Bachelor-Studiengang und ist damit eine Einführung in ein soziologisches Vertiefungsgebiet, das bereits grundständiges Wissen über soziologische Sachverhalte voraussetzt. Es ist kaum möglich, in ein solches Vertiefungsgebiet einzuführen, ohne dabei auf Wissensbestände aus der allgemeinen Soziologie zurückzugreifen. Die vorliegende Einführung versucht die immer wieder sehr komplex zu lesenden medientheoretischen Implikationen transparent zu machen und an Übungsbeispielen und empirischen Studien zu verdeutlichen, worin die Wirkungsmacht und Wirkungsweise von Medien bestehen könnte. Es bleibt den Lesern und Leserinnen zu wünschen, dass diese Einführung dazu anregt, sich mit dem Thema Medien weiterhin soziologisch zu beschäftigen.

Schließlich sei noch darauf hingewiesen, dass dieses Werk unter der Mithilfe einiger Personen entstanden ist. Zu danken habe ich Lena Setzer und Dinah Schardt für die Durchsicht des Manuskripts, Gabi Blum und Florian a. Betz für die grafische Arbeit. Schließlich möchte ich mich bei all jenen bedanken, die mir Bildmaterial freundlicherweise zur Verfügung gestellt haben. Für Diskussionen, Anregungen und Gespräche bedanke ich mich bei Reinhold Böh, Martin Stempfhuber, Natascha Nisic, Florian Amberger, Peter Wacha, Xaver Holler und Rüdiger Wolf.

A. Medientheorien

I. Wozu Mediensoziologie?

LEITENDE FRAGEN:

- Was kann man unter Medien verstehen?
- Warum soll sich die Soziologie für Medien interessieren?

Was kann man unter einem Medium verstehen? Auf diese Frage gibt es so viele Antworten, wie es theoretische Zugriffe auf Medien gibt. Die Kulturwissenschaften (wie etwa die Literaturwissenschaft), die eine lange medientheoretische Tradition aufweisen, beantworten die Frage anders als die Kommunikationswissenschaft. Letztere versteht unter Medien gemeinhin Massenmedien, womit die Beschreibung von Prozessen der Informationsvermittlung zwischen einem Sender und einem Empfänger gemeint ist. Die Kulturwissenschaft wiederum verfügt über einen sehr breiten Medienbegriff. Darunter fallen nicht nur Massenmedien, wie etwa Pressewesen, Fernsehen und Internet, sondern auch Kleidung, Technik oder Sprache, Schrift und Bilder. Diese Einführung in die Mediensoziologie will einen dezidiert soziologischen Zugang zum Thema vermitteln. Sie fragt also nach der gesellschaftlichen Bedeutung von Medien: Wie wirken sich Medien auf soziale Prozesse aus? Verändern Medien soziale Praktiken?

In diesem ersten Kapitel wollen wir uns zunächst überlegen, was man unter einem Medium verstehen kann. Um dem näherzukommen, greifen wir auf die lange medientheoretische Tradition in den Kulturwissenschaften zurück. Denn dort kam die Rede vom sozialen Einfluss der Medien zum ersten Mal als wissenschaftliches Thema auf. In einem weiteren Schritt werden wir fragen, was an der kulturwissenschaftlichen Tradition der Medientheorie für die Soziologie von Interesse ist: Wozu brauchen wir überhaupt eine Mediensoziologie? Warum soll sich die Soziologie mit dem Gegenstand der Medien beschäftigen?

1. Prägen Medien soziale Praktiken?

Ausgangspunkt ist der Vorschlag, mediale Prozesse als Übertragungsverhältnisse (Krämer 2008) zu fassen, die bestimmte Phänomene sichtbar und erfahrbar machen. Dabei weisen Medien sowohl eine materiale als auch eine symbolische Seite auf. So sind etwa Mobiltelefone und Computer technische

Apparaturen, die aber auch als Medium fungieren können. Denn Medien vermitteln Informationen, die über Symbole hergestellt werden, also sprachliche Zeichen und Zahlen. Der Computer kann deshalb Medium sein, weil er mittels Schrift, Bild oder Ton symbolische Werte transportiert.

Abb. 1: Materiale und symbolische Medien
Foto: Gabi Blum

Infobox

Mediale Prozesse sind Übertragungsverhältnisse, die soziale Phänomene erfahrbar und sichtbar machen. Medien weisen eine **materiale** und eine **symbolische** Seite auf.

Wie bereits erwähnt, finden sich die ersten Arbeiten, in denen Medien überhaupt zu einem eigenständigen Thema gemacht worden sind, in den Kulturwissenschaften. Die Medientheorie der Literaturwissenschaft befasste sich zunächst damit, dass die materiale Ausstattung des Mediums eine eigenständige Rolle für die Wirkung der übertragenen Information spielt. So hat zum Beispiel die materiale Ausstattung eines Buches mehr Bedeutung für die Veränderung von sozialen Praktiken als das, was darin zu lesen ist. Wenn ein Text als Buch erscheint, kann er massenhaft hergestellt und vertrieben und damit einem weitaus größeren Publikum zugänglich gemacht werden. Der Autor eines Textes und seine Leser können sich auf veränderte Weise aufeinander beziehen. So war das Lesen von Texten vor der Erfindung des Buchdrucks allein einigen wenigen Gelehrten vorbehalten. Die vergleichsweise wenigen vorhandenen Schriftstücke galten als heilige Texte. Mithilfe des Buchdrucks konnten nicht nur mehr Menschen an den Inhalten teilhaben, Leser konnten auch selbst zu Autoren werden und die einstmals heiligen Texte in eigenen Veröffentlichungen kritisieren. In der Medientheorie der Kulturwissenschaften geht man deshalb davon aus, dass die Einführung des Buchdrucks die Entwicklung von demokratischen Tendenzen unterstützt hat. Weil es mittels Buchdruck zu einer massenhaften Verbreitung von Informationen und Texte kam, konnten sich Personen auf neuartige Weise verständigen und gemeinsame Inhalte formulieren. Es entwickelten sich bis dahin unbekannte soziale Praktiken. So entstanden im 18. Jahrhundert zahlreiche Lesegesellschaften und Lesesalons, in denen man sich über das von allen Gelesene ausgetauscht und unterhalten hat. Zudem führte die Verbreitung von Büchern schließlich auch zu einer Alphabetisierung der Bevölkerung – immer mehr Personen waren des Lesens und Schreibens kundig.

Kurz: Medien übertragen nicht einfach nur Informationen, sondern schleichen sich in die Informationsvermittlung mit ein und verändern dabei die Formen der Wahrnehmung der übertragenen Informationen.

Man nennt diesen Zusammenhang auch die **Generativität des Mediums**. Generativität meint dabei einerseits, dass Medien Botschaften nicht einfach neutral übertragen, sondern Teil des Prozesses der Informationsvermittlung sind und die Botschaften auf spezifische Weise prägen. Medien sind also keine neutralen Vermittler, sondern Prägeinstanzen, sie fügen ihren Botschaften etwas hinzu. Gleichzeitig heißt Generativität auch, dass soziale Veränderungen auf Medienwechsel zurückgeführt werden. Dahinter steht die These von der Veränderung sozialer Praktiken, wenn ein (neues) Medium zum Einsatz kommt. Der Literaturwissenschaftler und Kommunikationstheoretiker Marshall McLuhan hat diese These insbesondere im Zusammenhang mit der Einführung des Buchdrucks diskutiert (s. a. Kap. II.1).

Übungsvorschlag:

Versuchen Sie einmal, einen Tag lang auf die Nutzung von Medien zu verzichten. Benutzen Sie weder Mobiltelefon noch Computer, öffnen Sie keine Briefe, schreiben Sie keine E-Mails und SMS. Sie werden beobachten können, welchen Einfluss Medien auf unsere täglichen Alltagspraktiken haben (können). Auch andere haben sich schon dieser Entzugspraxis ausgesetzt. So verabschiedete sich der Journalist Christoph Koch für 58 Tage von seinem Mobiltelefon und dem Internet, um hautnah zu erfahren, wie es sich ohne neue Medien leben lässt und schrieb darüber einen Erfahrungsbericht (Koch 2010). Seine Reaktion auf den Wiedereinstieg ins Internet nach gut zwei Monaten: »Ich fühle mich wie ein Junkie, der nach langem Leiden, nach einem Cold-Turkey-Entzug mit Blut, Schweiß und Tränen endlich wieder zurück in die Arme seiner Droge flieht.« (Koch 2010, S. 5)

Wir werden auf den folgenden Seiten immer wieder auf die beiden Thesen, die die Generativität des Mediums ausdrücken, zurückkommen. Jetzt soll es zunächst noch einmal um die Tradition gehen.

2. Harold A. Innis: Medientheorie der Kulturwissenschaft

Worauf bezieht man sich, wenn man von der Medientheorie der Kulturwissenschaften spricht? Zunächst taucht hier das *Center of Culture and Technology* an der Universität von Toronto in Kanada auf. Die frühe Medientheorie trägt deshalb auch das Label *Toronto School* oder *Kanadische Schule.* Dort versammelte sich eine Gruppe von – zum Teil auch nicht aus Kanada stammenden – Kultur- und Sozialanthropologen, Ethnologen, Literaturwissenschaftlern, Philologen und Historikern: Eric A. Havelock war Visiting Professor bei McLuhan und arbeitete außerdem an der Yale University. Der im amerikanischen Missouri geborene Walter Ong studierte bei McLuhan. Jack Goody war Engländer und lehrte in Cambridge.

Eric A. Havelock gilt als ein wichtiger Vertreter der Toronto School. In seinem Werk *Preface to Plato* (1963) beschreibt er auf beeindruckende Weise, wie durch die Einführung der Schrift so etwas wie ein soziales Gedächtnis entsteht, weil Ereignisse und Vorkommnisse nun festgehalten – und gleichzeitig auch vergessen – werden können. Man ist von da an nicht mehr darauf angewiesen, dass sich jemand Ereignisse merkt und sich an sie erinnert oder dass sie nur durch mündliches Erzählen weitergegeben werden können. Den prominentesten Status der Kanadischen Schule haben sicherlich die Arbeiten von Marshall McLuhan. Seine These, dass das Medium die Botschaft sei (*the Medium is the Message)* verschaffte ihm ungeheure Popularität (siehe Kap. II.1). Deshalb werden die Arbeiten der Toronto School auch oftmals ihm allein zugerechnet. Zwar hat Marshall McLuhan mit seinen Werken *The Gutenberg Galaxy* und *Understanding Media* zwei große Werke vorgelegt, die sich mit dem Wandel von Gesellschaften durch den Einsatz von Medien befassen. Doch auch Jack Goody und Ian Watt trugen mit ihrer Studie *Consequences of Literacy* (1963) entscheidend dazu bei, eine Medientheorie zu etablieren. In ihrem Werk beschreiben sie, wie die Einführung der Schrift zur Ausbildung eines Verwaltungssystems im Ägypten der Frühzeit geführt hat.

Infobox:

Center of Culture and Technology, University of Toronto:

Harold A. Innis (1951):	**The Bias of Communication**
Eric A. Havelock (1963):	**Preface to Plato**
Marshall McLuhan (1962):	**The Gutenberg Galaxy**
Marshall McLuhan (1964):	**Understanding Media**
Jack Goody & Ian Watt (1963):	**Consequences of Literacy**

Pionier der Medientheorie ist ohne Zweifel Harold A. Innis. Er war ein Wirtschaftshistoriker, der Politik, Sozialstruktur, Technik und die Wirkung von Medien zusammendachte. McLuhan, Goody und Watt haben mit ihren Beiträgen dazu beigetragen, Innis Werk in den 1960er- und 1970er-Jahren nachvollziehbar und bekannt zu machen. Medientheorie versteht sich seither auch als Zeitdiagnose, in deren Rahmen man Medienumbrüche und technische Entwicklungen als Taktgeber sozialer und kultureller Veränderungen ansieht. Ausgangspunkt für die Arbeiten von Harold A. Innis waren seine wirtschaftshistorischen Forschungen über Eisenbahnnetze, Fischerei und Pelzhandel. Unter Medien verstand Innis insbesondere die materiellen Träger von Kommunikation wie Stein, Ton, Papyrus, Pergament und Papier oder Transport- und Schifffahrtswege. Er analysierte ihre formbildenden und verhaltenskonstituierenden Kräfte in Bezug auf gesellschaftliche Organisationsformen. So interessierte sich Innis etwa dafür, welchen Einfluss die Einführung veränderter Transportwege auf die Gesellschaft hatte. Die Übertragungswege von Kommunikationspraktiken stehen generell im Zentrum von Innis Arbeiten. Verändern sich diese, kommt es zu einem kulturellen Wandel. Dies analysiert Innis am Beispiel der Einführung der Schrift und des Buchdrucks.

Mediale Prozesse sind für Harold A. Innis Übertragungsprozesse mit einer materialen Basis. Diese materiale Basis schreibt sich in die Form der Wissensübertragung ein und verändert sie. Auf diese Weise entstehen unterschiedliche Wissenskulturen, die jeweils vom materialen Träger der Kommunikation abhängig sind. Innis bezeichnet diesen Umstand auch als *Bias of Communication* – so lautet jedenfalls der Titel seines 1951 erstmals erschienenen bekannten Hauptwerks. Er formuliert folgende These: »Wir können wohl davon ausgehen, dass der Gebrauch eines bestimmten Kommunikationsmediums über einen langen Zeitraum hinweg in gewisser Weise die Gestalt des zu übermittelnden Wissens prägt.« (Innis 1997, S. 96) Seine medientheoretische Perspektive impliziert aber auch eine Technikkritik, die sich vordringlich gegen Mechanisierung richtete. Jeder technische Fortschritt ruft laut Innis auch destruktive Kräfte hervor, hier ein von ihm gewähltes Beispiel: »Die überwältigenden Zwänge, die von der Mechanisierung ausgehen und sich bei den Zeitungen und Zeitschriften bemerkbar machen, haben gewaltige Kommunikationsmonopole entstehen lassen. Ihre tiefe Verwurzelung bringt eine anhaltende, systematische und rücksichtslose Zerstörung jener Grundbausteine des Fortbestandes mit sich, die so unerlässlich für das kulturelle Leben sind.« (Innis 1997, S. 204) Mechanisierung von Kommunikation führt also gemäß Innis zu Machtmonopolen. Genaueres dazu im folgenden Abschnitt.

2.1 Kritik der mechanisierten Kommunikation

Mediale und materiale Bedingungen der Kommunikation erweisen sich aus Innis' Perspektive als entscheidend für die Etablierung, Verankerung, Durchsetzung und Verbreitung von Wissen. Dabei interessiert sich Innis, wie bereits erwähnt, vor allen Dingen für den Wandel, der unter dem Einfluss der Schrift und des Buchdrucks entstanden ist. Er hält in seinen Schriften an der ursprünglichen Bedeutung von Oralität, also Mündlichkeit, für soziale

Beziehungen fest. Unmittelbare Präsenz und die Nähe mündlicher Kommunikation gelten ihm als authentischere, wirklichere Form der Informationsübertragung: »Das mündliche Gespräch setzt persönlichen Kontakt und die Berücksichtigung der Gefühle anderer voraus, und es steht in krassem Gegensatz zu der grausamen mechanisierten Kommunikation und den Tendenzen, die wir in der heutigen Welt am Werke sehen (…). Ich möchte für die mündliche Tradition Partei ergreifen, besonders wie sie sich in der griechischen Zivilisation offenbart hat, und für die Möglichkeit, ihren Geist ein Stück wiederzubeleben.« (Innis 1997, S. 182 f.) Innis beschreibt eine zunehmende »Eskalation« der Verschriftlichung, an deren Ende die Mechanik des Buchdrucks entsteht. Dieser Entwicklungsprozess beinhaltet nicht nur die Entstehung und Veränderung von Wissen, sondern auch von Machtverhältnissen. Innis beobachtet in der zunehmenden Modernisierung von Übertragungswegen auch eine Monopolisierung von Wissen, woraus wiederum Machtverhältnisse entstehen. Als Beispiel verweist Innis auf die Einführung von Tontafeln in Altbabylonien. Gemäß ihm wurden diese Tontafeln von einer sich neu bildenden schreibenden Priesterklasse genutzt, die mit gesellschaftlicher Macht ausgestattet war: »Als Grundlage der Bildung unterstand die Schreibkunst der Kontrolle von Priestern, Schreibern, Lehrern und Richtern, so dass Allgemeinwissen und Rechtsentscheidungen religiös geprägt waren. Die Schreiber führten die umfangreichen Geschäftsbücher der Tempel und hielten die Beschlüsse der Priestergerichte in allen Einzelheiten fest. Mehr oder weniger jede Transaktion des täglichen Lebens war eine Rechtsangelegenheit, die aufgezeichnet und mit Hilfe der Siegel der Vertragspartner und Zeugen bestätigt wurde. In den einzelnen Städten bildeten die Gerichtsentscheidungen die Grundlage des Zivilrechts. Je mehr die Tempel anwuchsen und die Kulte an Einfluss gewannen, desto größer wurde die Macht und Autorität der Priester.« (Innis 1997, S. 65) Folgt man Innis, so gehen medientheoretische Überlegungen mit Aspekten der Technikkritik einher.

2.2 Unterschiedliche Qualitäten von Medien

An früherer Stelle kam schon der Hinweis, dass mediale Prozesse sowohl eine materiale wie eine symbolische Seite aufweisen. Innis unterscheidet Medien nach zwei Kategorien. Da gibt es zum einen **bewegliche Medien** wie etwa Papier. Diese Medien sorgen für *räumliche* Veränderungen. So ermöglicht Papier uns, jemandem einen Brief zu schreiben, der sich nicht am gleichen Ort befindet, was zu einer Erweiterung des Raums führt. Außerdem verweist Innis auf **feste Medien**, wie etwa Stein. Diese sorgen für *zeitliche* Veränderungen. Mittels eines Gebäudes aus Stein präsentiert sich eine Regierungsform als dauerhaft. Die Architektur ist deshalb ein interessantes mediensoziologisches Forschungsfeld. Innis beschreibt die Eigenschaften von Medien wie folgt: »Jedes einzelne Kommunikationsmittel spielt eine bedeutende Rolle bei der Verteilung von Wissen in Zeit und Raum, und es ist notwendig, sich mit seinen Charakteristiken auseinanderzusetzen, will man seinen Einfluss auf den jeweiligen kulturellen Schauplatz richtig beurteilen. Je nach seinen Eigenschaften kann solch ein Medium sich entweder besser für die zeitliche als für die räumliche Wissensverbreitung eignen, besonders wenn es schwer, dauerhaft und schlecht zu transportieren ist, oder aber umgekehrt eher für die räumliche als für die zeitliche Wissensverbreitung taugen, besonders wenn es leicht und gut zu transportieren ist. An der relativen Betonung von Zeit und Raum zeigt sich deutlich seine Ausrichtung auf die Kultur, in die es eingebettet ist.« (Innis 1997, S. 95) Noch einmal zusammengefasst: Innis konzeptualisiert gesellschaftlichen Wandel als medientechnologisch induziert. Die räumliche Expansion sowie die zeitliche Stabilisierung von Herrschaft sind laut Innis verbunden mit dem Einsatz bestimmter Kommunikationsmedien. Es geht Innis bei seinen theoretischen Überlegungen in Bezug auf Medien also nicht nur um den Prozess der Informationsübertragung, sondern ganz generell um die Möglichkeiten und die Bedingungen der Wahrnehmung, die durch Medien geprägt sind. Innis interessiert sich dabei vor allen Dingen für den Wandel von der Mündlichkeit zur Schriftlichkeit. In seinem Werk *The bias of communication* (1951) entwickelt Innis die These, dass die politische Organisation von Gesellschaften entscheidend von der jeweils dominanten Medientechnologie abhängt. Dass geht so weit, dass Innis die Bildung des modernen Nationalstaates und das Entstehen bürgerlicher Gesellschaften als Resultate der Ablösung der Manuskriptkultur durch den Buchdruck interpretiert. Inwiefern diese Annahmen für die Soziologie plausibel sind, wollen wir in einem nächsten Schritt diskutieren.

3. Medien und Gesellschaft

Die Medientheorie der Kulturwissenschaft hat die These von der Generativität des Mediums auf sehr unterschiedliche und komplexe Weise bearbeitet, worauf wir im Laufe des Buches immer wieder zurückkommen werden. Zur Erinnerung: Unter der Generativität des Mediums wird zum einen verstanden, dass Medien ihren Gegenstand nicht neutral übermitteln, sondern ihm etwas hinzufügen und ihn dadurch prägen. Weiterhin sind Medien als entscheidende Generatoren eines sozialen und kulturellen Wandels anzusehen. Wenn sich Medien verändern, so die These der Medientheorie, ändern sich auch soziale Praktiken. Warum aber sollte sich die Soziologie hiermit beschäftigen? Wozu brauchen wir überhaupt eine Mediensoziologie? Und inwiefern sollte man sich an der Tradition der Kulturwissenschaften orientieren?

Die spezifische Beschäftigung der Kulturwissenschaften mit Medien ist für die Soziologie interessant, weil diese sich für die Entstehung und für die Veränderung von sozialer Ordnung interessiert. Die entscheidenden Fragen der Soziologie lauten: Wie ist soziale Ordnung möglich? Wie kommt es zu Regelmäßigkeiten im sozialen Ablauf? Wie entstehen Strukturen von Erwartungen, die uns helfen, uns in sozialen Situationen zu orientieren? Für die Mediensoziologie stellt sich hieran anschließend die Frage: Welche Rolle kommt Medien bei der Entstehung und dem Wandel von sozialen Erwartungen zu, also für die Genese und die mögliche Veränderung sozialer Ordnung? **Welche Sozialformen entstehen durch Medien? Und wie kann man diese (medien-)soziologisch beschreiben?**

Die Mediensoziologie nähert sich dieser Fragestellung auf unterschiedlichen Wegen. Die *Rezeptionsforschung* beobachtet etwa, welche medialen Inhalte in den Medien dargestellt werden und welche Wissensformen hierdurch entstehen. Exemplarisch könnte man hier die Arbeiten von Angelika Keppler (2006) nennen. Sie zeigt in ihrer Studie zu Gewaltdarstellungen im Fernsehen, wie dieses durch eine permanente Differenzierung zwischen dem Realen und dem Fiktiven den Realitätssinn heutiger Gesellschaften formt. Die *Anwendungsforschung* untersucht, wie die Inhalte der Medien jenseits ihrer Darstellungsformen etwa im Fernsehen wieder auftauchen. Jo Reichertz (2006) beispielsweise interessiert sich nicht nur für die Analyse medialer Inhalte, sondern auch für deren Gebrauch im praktischen Leben. Er fragt beispielsweise, wie sich im Fernsehen gezeigte Hochzeitsshows auf das Heiratsverhalten von Personen auswirken. Es geht also um die Frage nach dem Wissenstransfer von medialen Inhalten. Die *Publikumsanalyse* der Cultural Studies (im Überblick Hepp / Krotz 2009; Hepp / Winter 2008) geht wiederum der Frage nach, wie Medien das Publikumsverhalten verändern. Wer kann was wie sagen? Und wer kann das Gesagte auf welche Weise verstehen? Welche Rolle spielt das Medium dabei? Schließlich gehört zur Mediensoziologie auch noch der Forschungsbereich *Internet.* Zahlreiche Autoren haben sich mit Virtualität und Realität in computerisierter Kommunikation beschäftigt. Diese Perspektiven erscheinen deshalb so interessant, weil der Eigenleistung des Mediums eine angemessene Rolle bei Herstellung und Wandel von Kommunikationspraktiken zugesprochen wird.

Dieses Buch schließt sich der These der Medientheorie an, dass Medien etwas verändern, wenn sie zum Einsatz kommen. Genauer: Hier wird die medientheoretische Annahme, dass Medien ihren Informationen etwas hinzufügen und die Wahrnehmung der Information dabei verändern, als empirische Frage aufgenommen und als Forschungsfrage formuliert: Woran wird der Einfluss von Medien konkret und im Einzelfall sichtbar? Verändern Medien tatsächlich die Wahrnehmung der von ihnen vermittelten Informationen? Wie zeigt sich dies empirisch? In der empirischen Zugangsweise liegt die genuine Eigenleistung einer mediensoziologischen Perspektive. Indem sie mediale Prozesse zunächst relativ schlicht als Übertragungsverhältnisse, die bestimmte Phänomene sichtbar und erfahrbar machen, begreift, löst sie mindestens zwei Probleme: Sie kann auf einen Medienbegriff zurückgreifen, der es ihr ermöglicht, überhaupt erst einmal zu benennen, was man in den Blick nimmt, wenn man von Medien spricht. Gleichzeitig hält sie sich offen genug dafür, unterschiedliche Dinge als Medien zu deklarieren. Gelten nicht nur Massenmedien als Medien, ergibt sich die Frage, was überhaupt zu einem Medium gemacht wird. Was taucht empirisch als Medium auf? Wann wird etwas zu einem Medium gemacht – und wann nicht?

4. Der Arabische Frühling: eine Facebook-Revolution?

Aber wie plausibel ist die Herangehensweise der bis hierher nur kurz skizzierten Medientheorie aus soziologischer Perspektive? Dass Medien soziale Ordnung verändern können, wurde am Beispiel der Demonstrationen in Ägypten, die dort seit Dezember 2010 stattgefunden haben, diskutiert. Der sogenannte *Arabische Frühling* erlangte auch als *Facebook-Revolution* eine gewisse Berühmtheit. Formate wie Facebook, YouTube und Twitter sollen zum Erfolg der Revolution beigetragen haben. Wir wollen diese vor allen Dingen in den Feuilletons geführte Debatte im Folgenden dazu nutzen, unsere These von der Generativität des Mediums zu diskutieren. Anhand der Arbeiten von Harold A. Innis stellen wir zur Diskussion, inwiefern die These von der Generativität des Mediums am konkreten Fall plausibel wird. Ist es tatsächlich das Medium, das soziale Praktiken prägt? Oder sind es nicht vielmehr die über Medien vermittelten sozialen Praktiken selbst, die für eine Transformierung sozialer Ordnungen sorgen?

Abbildung 2 zeigt eine Facebook-Solidaritätsseite für den ägyptischen Widerstand vom April 2011. Man kann sich anhand dieser Seite fragen, inwiefern sich die Rede von der Generativität des Mediums empirisch bewährt. Was verändert zum Beispiel der Einsatz von Facebook an der politischen Ordnung in Ägypten? Ist es wirklich das soziale Netzwerk, das als Medium für eine veränderte Ordnung sorgt? Oder sind es nicht vielmehr die Zugangsweisen zu der Webseite, die es ohnehin gegeben hätte? Inwiefern tragen Netzwerke wie Facebook zur Transformation von Wahrnehmungsformen bei? Inwiefern werden Personen hier neu aufeinander bezogen?

Ohne diese Fragen an dieser Stelle im Einzelnen zu beantworten, kann man sich zunächst einmal eine soziologische Zugangsweise mit Hilfe der

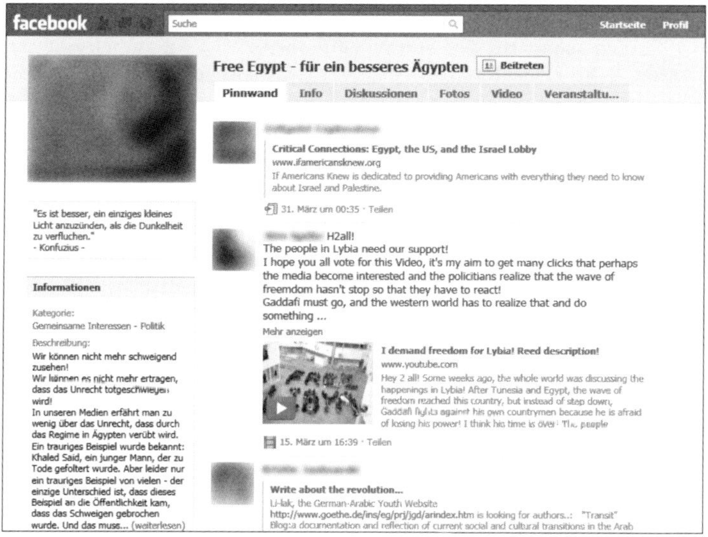

Abb. 2: Facebook Öffentlichkeit
Quelle: facebook.de; 04/2011.

Medientheorie der Kulturwissenschaften erarbeiten. Inwiefern überzeugen deren Thesen noch, wenn man sie auf aktuelle empirische Prozesse anwenden will? Harold A. Innis stellt jedenfalls für das Ägypten der Frühzeit fest: »Die tiefen Erschütterungen, denen die ägyptische Zivilisation beim Übergang von einer absoluten Monarchie zu einer demokratischen Staatsform ausgesetzt war, gingen mit einer Schwerpunktverlagerung von Stein als Kommunikationsmittel (…) auf Papyrus einher.« (Innis 1997, S. 56)

Trifft diese These vom Medienwechsel auch für die heutige Gesellschaft zu? Haben soziale Netzwerke im Internet tatsächlich so viel Veränderungspotenzial, dass sie dazu beitragen können, Revolutionen zu befördern? Mediensoziologische Forschungen, die sich mit diesen Fragen auseinandersetzen, kommen zu unterschiedlichen Ergebnissen. Während die einen davon ausgehen, dass die Web 2.0-Formate im Internet bedeutend daran beteiligt waren, die Protestbewegungen zu unterstützen (Cohen 2011; Webster 2011), sind andere skeptisch. Sie vermuten eher, dass die Protestbewegungen auch ohne die Unterstützung des Internets stattgefunden hätten (Rich 2011). Wir wollen diese Debatte nicht im Einzelfall nachverfolgen (einen guten Überblick bieten Lim 2012 und Alexander 2011). Spannend ist an dieser Stelle allein der Umstand, dass die medientheoretischen Annahmen der Toronto School aus dem vorigen Jahrhundert nach wie vor relevant sein können, wenn es um die Beschreibung aktueller sozialer Phänomene geht.

FAZIT

Fassen wir die bisherigen Ergebnisse zusammen:

1. Mediale Prozesse sind Übertragungsverhältnisse, die Phänomene erfahrbar und sichtbar machen. Medien weisen eine materiale und eine symbolische Seite auf. Die Medientheorie der Kulturwissenschaft nimmt mit der Erkenntnis ihren Anfang, dass die Materialität des Mediums eine wichtige Rolle für die Wirkung der übertragenen Information spielt.
2. Die frühe Medientheorie der Toronto School hat dazu beigetragen, einen eigenständigen Blick auf Medien als Forschungsgegenstand zu eröffnen.
3. Harold A. Innis versteht unter Medien die materialen Bedingungen von Übertragungsverhältnissen *(Bias of Communication)*, die sich in Kommunikationsabläufe einschreiben und damit Wissens- und Machtkulturen erzeugen können. Innis zeichnet in seinen Schriften die Entwicklung der modernen westlichen Gesellschaft unter den Bedingungen veränderter Kommunikationsmittel nach. An eine veränderte Medialität wird also eine veränderte Zeitlichkeit, Geschichte und Epochenbildung gebunden.
4. Diese Perspektive ist für die Soziologie interessant, weil sie sich für die Genese sozialer Ordnung interessiert. Die entscheidende Frage der Mediensoziologie lautet also: Wie ist soziale Ordnung möglich und welche Rolle spielen Medien dabei?

Literatur:

Innis, Harold A. (1951/1997): »Die Medien in den Reichen des Altertums«. In: Barck, Karlheinz (Hrsg.): Kreuzwege der Kommunikation. Wien. S. 56–66.

II. Marshall McLuhan, Friedrich Kittler: Ein starker Medienbegriff

LEITENDE FRAGEN:

- Warum ist das Medium die Botschaft?
- Warum spielen Medien eine so große Rolle für Gesellschaft?

Wir haben uns bisher in ersten Schritten der medientheoretischen Annahme genähert, dass Medien Botschaften nicht einfach neutral übertragen, sondern ihnen etwas hinzufügen und sie dadurch verändern. Bislang hatten wir diese Annahme auf die Arbeiten von Harold A. Innis zurückgeführt – dem Begründer der frühen Medientheorie der *Toronto School*, der durch das Werk seines Schülers Marshall McLuhan maßgeblich bekanntgemacht wurde. Dessen meist zitierter Satz »**The medium is the message.**« (McLuhan 1964, S. 19) hat sich wie ein populärer Slogan in der Öffentlichkeit verbreitet und galt innerhalb der Kulturwissenschaften zunächst einmal als Provokation. Warum dies so ist, soll im Folgenden untersucht werden. In einem weiteren Schritt geht es dann um die Arbeiten des Medienwissenschaftlers Friedrich Kittler. Er hat sich gründlich mit der These auseinandergesetzt, dass Medien generativ sind, ihren Botschaften also etwas hinzufügen und sie nicht unberührt lassen. Friedrich Kittler geht von einem ähnlich starken Wirkungszusammenhang von Medien aus, wie Marshall McLuhan dies tut. Gleichzeitig radikalisiert er zusätzlich dessen Ansatz. Wegen der Parallelen in beiden Werken wollen wir diese in einem gemeinsamen Kapitel vergleichen.

Beide Autoren haben relativ schwer zugängliche Werke hinterlassen. Die Arbeiten von Marshall McLuhan lesen sich zum Teil sehr unsystematisch. McLuhan soll sich zeitlebens ganz bewusst gegen eine lineare Beweisführung gewehrt haben, weil sie ihm als »Zeugnisse einer überkommenen Buchkultur« (Mersch 2006, S. 106) gegolten haben. Und die Arbeiten von Friedrich Kittler scheinen oft genug düster und kryptisch. Dennoch sind beide Autoren wegen ihres bis heute dauernden Einflusses in den Medienwissenschaften die Mühe einer Annäherung wert.

1. Marshall McLuhan: Das Medium ist die Botschaft

Marshall McLuhan richtet sich mit seiner in der Überschrift noch einmal erwähnten Aussage zunächst gegen eine hermeneutische Tradition in der Literaturwissenschaft. Die Hermeneutik beschäftigt sich mit der (unterschiedlichen) Auslegung von Texten und deren Sinnverstehen. Sie fragt nach dem Bedeutungsgehalt von Inhalten, also nach der Botschaft von Texten. Als Schüler Innis' macht McLuhan nun aber darauf aufmerksam, dass es nicht der Inhalt eines Mediums sei, für den man sich analytisch zu interessieren habe, sondern das Medium selbst.

Er will den Blick darauf lenken, dass es für die Literaturwissenschaft nicht allein relevant sein kann, die Inhalte von Texten zu analysieren und sich etwa über unterschiedliche Interpretationen von Goethes »Die Leiden des jungen Werther« zu streiten. Aus Sicht von McLuhan geht es vielmehr darum, wahrzunehmen, dass es sich bei Goethes « Werther« um einen Roman handelt, der als gedrucktes Buch einer breiten Öffentlichkeit verfügbar war und deshalb seine große Wirksamkeit entfalten konnte. Die Existenz des Buchdrucks hat unmittelbar dazu beigetragen, dass Goethes Werk seine große Bedeutung erlangte.

Dergestalt ist der thesenförmige Satz *The Medium is the Message* zu verstehen: Das Bestimmende für den Inhalt ist das Medium in seiner materialen Form. **Nicht was Medien übermitteln zählt, sondern die Materialität des Mediums selbst.** Die Qualität des Mediums schreibt sich in die Botschaft ein und verändert deren Gehalt. So macht es gemäß McLuhan einen Unterschied, ob wir eine Nachricht per Telefon übermitteln oder per Eintrag in ein Internetforum – es sind jeweils ganz unterschiedliche Praktiken damit verbunden. Und es sind ganz unterschiedliche Personenkreise involviert.

Dieser Satz richtet sich aber nicht nur gegen die hermeneutische Tradition in der Literaturwissenschaft, sondern auch noch gegen eine weitere Tradition der Medienforschung, nämlich die Medienwirkungsforschung. Diese Medienwirkungsforschung (im Überblick Jäckel 2005) untersucht die medialen Einflüsse auf unsere Einstellungen. Es geht um die von Medien verbreiteten Inhalte, und darum, wie diese Inhalte vom Publikum aufgenommen und rezipiert werden und schließlich im praktischen Alltag Verwendung finden. Aus McLuhans Sicht ist diese Perspektive nicht ausreichend, um die tatsächliche Wirkung von Medien zu erforschen. **Medien bezeichnen aus McLuhans Sicht in einem umfassenden Sinn die grundsätzlichen Bedingungen einer Kultur und Struktur einer Gesellschaft.**

Infobox:

Marshall McLuhan (»The Medium is the Message«) gilt als populärster Vertreter der Medientheorie der Toronto School. Seine Berühmtheit war sogar so groß, dass er in dem Film von Woody Allen »Annie Hall« (1977) (deutsch: Der Stadtneurotiker) auftrat und sich selbst spielte. Zu seinen Hauptwerken zählen »The Mechanical Bride« (1951), »The Gutenberg Galaxy« (1962) und »Understanding Media« (1964). Aus letzterem Werk stammt auch der oben genannte berühmte Slogan.

Medien stellen die Bedingungen von Sinn, Wahrnehmung, Kommunikation und Sozialität dar. Das Medium gleicht einer Skriptur, einer In-Schrift, einem Surplus, das sich in die Zeichen und ihre Bedeutungen einschreibt und deren hermeneutische Zugänge übersteigt. An die Stelle des Inhalts rückt die Eigenständigkeit der Formate von Medien.

Entschiedener als Kunst und Literatur, als Religion und Philosophie machen Medien und ihre Formate den Menschen im Ganzen aus und bilden jene dominanten Regime, aus denen die Ordnungen des Denkens, die zwischenmenschliche Kommunikation, politisches Handeln und kulturelle Selbstverständnisse hervorgehen. Als Erweiterung der Sinne und Handlungsmöglichkeiten, der Erfahrung und Kommunikation erzeugen Medien für den Menschen **Umwelten**, in denen er wahrnimmt, sich bewegt und sich entwickelt. Die Medientheorie untersucht die spezifischen Ordnungen medialer Milieus, die durch Buchdruck, Fernsehen, elektrisches Licht oder Verkehr geschaffen werden.

Daraus ergibt sich das von McLuhan geprägte Wortspiel, dass das Medium nicht nur *the message* ist, sondern auch *the massage*: »Alle Medien massieren uns gründlich durch. Sie sind dermaßen durchgreifend in ihren persönlichen, politischen, ökonomischen, moralischen, ethischen und sozialen Auswirkungen, dass sie keinen Teil von uns unberührt, unbeeinflusst, unverändert lassen. Das Medium ist Massage.« (McLuhan 1967, S. 26) Dieser Satz entstammt einem 1967 veröffentlichten Buch mit dem Titel *The Medium is the Massage: An Inventory of Effects (dt: Das Medium ist die Massage: Eine Bestandsaufnahme der Auswirkungen)*. Bei den Druckvorbereitungen war ein Schreibfehler unterlaufen, der »Message« in »Massage« verwandelt hatte. McLuhan soll dieser Schreibfehler aber nicht weiter gestört haben. Für ihn drückte sich mit dessen Hilfe genau das aus, was er meinte: Medien sind Umwelten des Menschen, sie bilden Milieus aus, die den Menschen grundlegend in seiner Wahrnehmung prägen. Medien massieren unseren

Wahrnehmungsapparat also gründlich durch, schreiben sich in ihn ein und beeinflussen ihn.

1.1 Heiße und kalte Medien

Hatte Innis bei seiner qualitativen Differenzierung noch zwischen beweglichen, leichten (Papier) und festen, schweren Medien (Stein) unterschieden, spricht McLuhan von heißen und kalten Medien. Bei ihm richtet sich die Unterscheidung unterschiedlicher Qualitäten von Medien nicht nach räumlichen und zeitlichen Kategorien wie bei Harold A. Innis, sondern nach den verschiedenen **Teilnahmegraden**, die Medien uns abverlangen.

Mit diesen unterschiedlich hohen Teilnahmegraden befasst sich der erste Teil von *Understanding Media* (1964). Was ist damit gemeint? Einige Medien, zum Beispiel der Film, beanspruchen einen einzigen Sinn, in diesem Fall der Sehsinn, in solch einer Art und Weise, dass der Zuseher sich nicht mit dem Ausfüllen eines einzigen Bildes beschäftigen muss. Medien, die diese Qualität erfüllen, sind für McLuhan **heiße Medien.** Dagegen verlangen **kalte Medien** vom Konsumenten mehr Anstrengung, um die Bedeutung zu bestimmen, sie verlangen also mehrere Sinne, die zur Verständigung erforderlich sind. McLuhan nennt hierfür als Beispiel das Fernsehen. Seine Unterscheidungen beziehen sich eindeutig auf frühere mediale Formate. Mit Film meint er offenbar den Stummfilm, der im Gegensatz zum Fernsehen, nur den Sehsinn abverlangt. Inwiefern McLuhans Unterteilung heute überhaupt noch sinnvoll ist, muss man sich ohnehin fragen, denn der Kinofilm, gezeigt in modernen Lichtspielhäusern beansprucht wohl mindestens ebenso viele Sinne, wie der Fernsehfilm, wenn nicht sogar mehr, denkt man an 3D-Formate. McLuhans Unterscheidung macht jedoch darauf aufmerksam, dass Medien überhaupt unterschiedliche Qualitäten aufweisen können. Diese unterschiedlichen Qualitäten bindet McLuhan dann an den für den Konsum notwendigen Grad an Partizipation (Teilnahme).

McLuhan macht in Bezug auf die qualitative Eigenschaft von Medien noch auf einen weiteren Aspekt aufmerksam. Demnach unterliegen Medien einer konstitutionellen Blindheit, sie sind im praktischen Vollzug unerkennbar und treten hinter den durch sie transportierten Inhalt zurück. In Worten McLuhans: »Das Medium ist verborgen, der Inhalt offensichtlich.« (McLuhan 2001, S. 9) Aus McLuhans Sicht ist es deshalb nachvollziehbar, dass sich die Literaturwissenschaft lange Zeit nur mit den Inhalten von Medien, also mit der unterschiedlich möglichen Bedeutung von Texten beschäftigt hat, und nicht mit den medialen Formaten selbst. Medien hätten zwar einen starken Einfluss auf soziale Zusammenhänge, so McLuhan. Gleichzeitig bleiben sie im praktischen Vollzug, in ihrer Verwendung aber nahezu unsichtbar. Sie verschließen sich der Wahrnehmung, indem sie Inhalte transportieren. So denken wir während wir sprechen kaum über die Bedeutung der Sprache nach. Wir sprechen vielmehr quasi wie von selbst, ohne uns klarzumachen, wie Sprache überhaupt funktioniert. Beim Lesen eines Buches reflektieren wir nicht, wie das Buch uns an einem umfassenden Diskurs etwa über Mediensoziologie teilnehmen lässt und uns damit zu einem Publikum, zu einer Öffentlichkeit formiert. Wir denken beim Umblättern der Seiten nicht darüber nach, wie der geschriebene Text lineares Denken befördert, ein Denken in Kausalitäten, in dem B auf A zu folgen hat.

1.2 Medien als Verlängerungen menschlicher Organe

Medien sind aus der Sicht McLuhans mehr als Techniken, die wir anwenden: Sie gleichen kompletten Milieus, die uns umhüllen, in denen wir uns bewegen, die uns prägen, und die wir, gleich einer zweiten Haut, nicht abzustreifen vermögen. McLuhan beschreibt Medien als Prothesen, die menschliche Organe verlängern. »Alle Medien sind Erweiterungen bestimmter menschlicher Anlagen – seien sie psychisch oder physisch.« (McLuhan, 1969 S. 26) Medien bezeichnen alle Verlängerungen, Extensionen des menschlichen Körpers und seiner Sinne. Gemeint sind beispielsweise Kleidung, Instrumente, die Brille, das Rad, Bücher, Glühbirnen, Zeitungen, Fernsehen. Am Beispiel der Computermaus und der Fernbedienung wollen wir die Prothesen-These illustrieren:

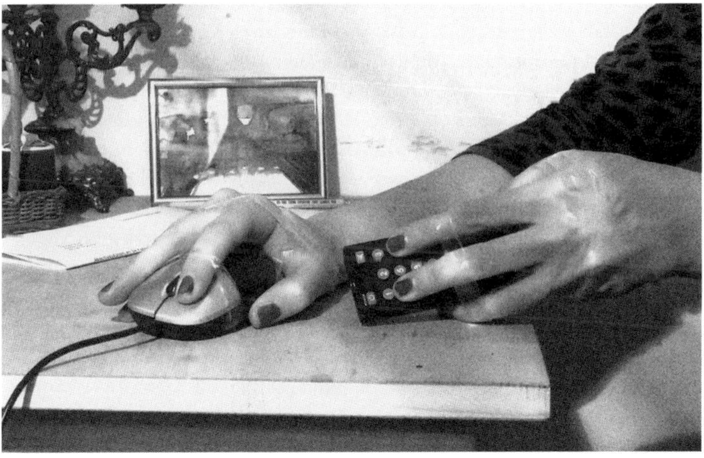

Abb. 3: Medien als Verlängerung menschlicher Organe
Foto: Gabi Blum

Gemäß McLuhan sind Computermaus und Fernbedienung eine Verlängerung des menschlichen Organs Hand. In seiner Ausformung ist das Medium der Gestalt der Hand genau angepasst und erweitert damit die menschlichen Fähigkeiten, hier: die Steuerung einer Maschine. Als Verlängerung des menschlichen Organs wirken die Computermaus und die Fernbedienung gleichzeitig auf die Bewegungsmotorik des Menschen zurück und formen diese. Wie wir Computermaus und Fernbedienung steuern, geben diese uns vor. McLuhan beschreibt also eine Art Zirkelbewegung:. An den menschlichen Körper werden Medien angepasst, sie werden danach geformt. In dieser Ausformung wirken Medien wieder auf die Körper zurück. Die Hand weiß quasi von selbst, was mit Maus und Fernbedienung zu tun ist. Diese Ausführungen mögen vielleicht vergleichsweise banal erscheinen. Macht man sich aber mit McLuhan klar, dass wir permanent von Medien umgeben sind, gewinnt dieser Zugang eine eigentümliche Dynamik: Medien sind Prothesen, die uns als Hilfsmittel zur Verfügung stehen und gleichzeitig unsere Wahrnehmung der Welt formen.

Übungsvorschlag:

Betrachten Sie Formen und Charakteristika von Medien und überlegen Sie, inwiefern Medien Verlängerungen menschlicher Organe darstellen und sie dadurch wiederum prägen. In der Mediensoziologie wurde dies etwa am Beispiels des Mediums Fernsehen untersucht. John Hartley (1999/2001) analysierte, wie Wohnzimmer und Kühlschrank rund um das Fernsehgerät gruppiert und als »Verlängerung« der Praxis des Fernsehens erfunden wurden. So lautet eine seiner Thesen: »Ohne Kühlschrank gäbe es kein Fernsehen.« (Hartley 1999/2001, S. 263). Andere Autoren widmen sich wiederum der Fernbedienung. Sie untersuchen, wie durch die Praxis des Umschaltens das Fernsehen zu einem Medium der Zerstreuung gemacht wird (Winkler 1991).

Dabei ist der Inhalt eines Mediums immer ein weiteres Medium: »(…) the ›content‹ of any medium is always another medium. The content of writing is speech, just as the written word is the content of print, and print is the content of the telegraph.« (McLuhan, 1964 S. 20)

Gemeint ist damit, dass Medien sich selbst fortschreiben, sich ineinander verschränken und wechselseitig interpretieren. Medienentwicklungen setzen also immer schon Medienentwicklungen voraus. Am Computer sehen wir zum Beispiel einen Film an, der auf einem Roman beruht, der auf Schrift beruht, die auf Sprache beruht. Abgeleitet wird hieraus eine Genealogie der Medien, das heißt: Soziale Begebenheiten werden Medienentwicklungen zugeschrieben.

1.3 Genealogie der Medien

McLuhan versucht, den Geschichtsverlauf aus der Entstehung der Alphabetschrift herzuleiten. Die Schrift verwandelt gemäß McLuhan die Sprache in eine lineare Struktur und legt damit die Basis für das Zeitalter der Vernunft, der Beweisführung und der diskursiven Argumentation. Andererseits kommt es auch zur Verarmung der mündlichen Rede. Diese Tendenz wird durch die Erfindung des Buchdrucks noch verstärkt. Serialisierung und Massenproduktion werden im Buchdruckzeitalter befördert, so McLuhan. Neue Entwicklungen sind – in Schlagworten zusammengefasst – die Zentralperspektive, die chronologische Erzählung, die Einheitlichkeit des Tons in der Prosa, die Newton'sche Physik, der Individualismus, der freie Markt und die Nationalstaatlichkeit. All dies wird von McLuhan auf den Wechsel der Medien zwischen Schriftzeitalter und Buchdruckzeitalter zurückgeführt.

Soziologisch betrachtet, könnte hier der Verdacht des Mediendeterminismus aufkommen. Es drängt sich die Frage auf, ob McLuhan den Einfluss von Medien nicht überbetont. Lassen sich wirklich alle sozialen Entwicklungen anhand der Entstehung und Veränderung von Medien erklären? So kann man gerade aus soziologischer Perspektive auf die Bedeutung der Religion bei der Entstehung kapitalistischer Systeme hinweisen, wie Max Weber (1904) dies in seiner Studie zur protestantischen Ethik getan hat. Oder man richtet sein Augenmerk auf Georg Simmels (1903) Ausführungen zur Bedeutung der Großstadt für die Entwicklung des modernen Menschen. In beiden Ansätzen ist von Medienwechseln keine Rede – dennoch wird jeweils auf plausible Weise sozialer Wandel erklärt. McLuhan schlägt allerdings einen so breiten Medienbegriff vor, dass nahezu alle technisch-materialen und symbolischen Formen hierunter fallen können. Insofern geht er tatsächlich von einer maßgeblichen Bedeutung von Medien für die Veränderung von sozialen Prozessen aus.

2. Friedrich Kittler: Medien bestimmen unsere Lage

Nach Friedrich Kittler sind Medien direkt an der Prägung der Menschen und der bestehenden Wahrnehmungsverhältnisse beteiligt. Mit dieser Herangehensweise schließt Kittler zunächst an die Arbeiten von McLuhan an. Auch er richtet sich gegen eine hermeneutische Tradition der Analyse von Medien.

Und auch die Medienwirkungsforschung greift aus der Sicht Kittlers zu kurz. Es geht ihm ebenso wie McLuhan vordringlich nicht um die Inhalte der Medien, sondern um ihre materiale Qualität – und darum, wie sich diese Qualität von Medien auf unsere Wahrnehmung auswirken kann. Und ähnlich wie McLuhan fasst Friedrich Kittler diesen Zusammenhang relativ schlaglichtartig in folgendem Satz zusammen: »Medien bestimmen unsere Lage, die trotzdem oder deshalb eine Beschreibung verdient.« (Friedrich Kittler 1986 S. 3).

Infobox:

Friedrich Kittler (1943–2011) hatte seit 1993 den Lehrstuhl für Ästhetik und Geschichte der Medien an der Berliner Humboldt-Universität inne. Er gilt als einer der einflussreichsten Medientheoretiker in Deutschland. Zu seinen Hauptwerken zählen *Aufschreibesysteme 1800/1900* (1985) und *Grammophon Film Typewriter* (1986). Insbesondere technische Medien spielen in beiden Werken eine bedeutende Rolle.

Ebenso wie Marshall McLuhan gilt Friedrich Kittler als Provokateur innerhalb einer hermeneutisch orientierten Literaturwissenschaft. Medien, so setzt Friedrich Kittlers Medientheorie ein, bestimmen unsere gesamten Wahrnehmungsformen in einem umfassenden Sinn. Unser gesamter Wahrnehmungsapparat, unsere gesamte Welterfahrung ist über Medien vermittelt und damit umfassend durch sie geprägt. Man spricht in Bezug auf Kittlers medientheoretischen Zugang deshalb auch von einem **medialem Apriori**: Medien gehen allen möglichen Erfahrungsformen voraus, liegen ihnen zugrunde, bedingen sie. Gleichzeitig relativiert Friedrich Kittler aber seine These, wenn er darlegt, dass dieser mediale Wirkungszusammenhang *dennoch eine Beschreibung* verdient. Damit meint er Folgendes: Es gibt keinen unmittelbaren Zusammenhang zwischen Medien und Wirklichkeitskonstruktion. Trotz des grundsätzlich endbestimmenden Einflusses von Medien existiert auch in der Medientheorie von Friedrich Kittler eine Spannbreite von Realisierungsmöglichkeiten. Er formuliert dies metaphorisch: »Es passiert so schrecklich viel zwischen Silizium und seinen seelischen Outputs.« (Friedrich Kittler 1994, S. 114)

Trotzdem sei bereits hier festgehalten, dass Medien in der Theorie von Friedrich Kittler ein Eigenleben führen. Dies wird umso deutlicher, wenn Kittler auf technische Medien zu sprechen kommt: Je mehr sich die Technik vom Menschen absetzt, desto bestimmender wirkt sie sich auf den Menschen aus –Beispiel Computer. Dieser führt als mediale Maschine ein Eigenleben, das unserem Gehirn an Rechenleistung und Schnelligkeit überlegen ist und für unsere Wahrnehmungsformen maßgeblich und bestimmend wird, so die Argumentation von Friedrich Kittler.

2.1 Aufschreibesysteme

Die Art, in der sich der mediale Einfluss vollzieht, ändert sich im Lauf der Zeit durch **Zäsuren**. Kittler benennt dies mit dem Terminus **Aufschreibesysteme**: »Es gibt Zäsuren, die ganze Aufschreibesysteme mit einem Schlag vergessen machen (…).« (Friedrich Kittler 1985, S. 215) Ein Aufschreibesystem gilt Kittler als »(…) das Netzwerk von Techniken und Institutionen, die einer gegebenen Kultur die Adressierung, Speicherung und Verarbeitung relevanter Daten erlauben.« (Friedrich Kittler 1985, S. 501) Aufschreibesysteme definieren sich also aus den medialen Bedingungen, die zu einer gegebenen Zeit zur Verfügung stehen. Für das Buchdruckzeitalter sind das etwa die Druckerpresse und das gedruckte Buch. Sie bringen eine ganze Ära in ihrer Wahrnehmungsform hervor und prägen diese. Das Zeitalter der Vernunft und der Aufklärung beruht auch auf Büchern, die einer breiten Öffentlichkeit zugänglich sind. Überhaupt entsteht erst eine bürgerliche Öffentlichkeit, weil Bücher, Zeitschriften und Zeitungen gedruckt werden können. Dadurch wird es möglich, aufeinander Bezug zu nehmen, ohne sich am gleichen Ort befinden zu müssen. Bücher versammeln Inhalte in einer bestimmten Reihenfolge und produzieren deshalb rationales Denken, das soziale Begebenheiten nach seinen Kausalitäten befragt und an sich selbst die Maßstäbe der Rationalität setzt.

Friedrich Kittler bezieht sich hier auf die Arbeiten von Michel Foucault. Dieser geht in seiner Diskurstheorie ebenfalls davon aus, dass sich soziale Wahrnehmungsformen im Sinne von Wissensordnungen grundlegend transformieren können: »Die Ordnung, auf deren Hintergrund wir denken, hat nicht die gleiche Seinsweise wie die der Klassik. Wir haben vergeblich den Eindruck einer fast ununterbrochenen Bewegung der europäischen Ratio seit der Renaissance bis zu unseren Tagen (…)« (Michel Foucault 1966/1971, S. 25). Michel Foucault hat in seinen Forschungen die Schriften der Aufklärungszeit untersucht. Er nimmt, um mit Friedrich Kittler zu sprechen, das »Aufschreibesystem« des 18. Jahrhunderts in den Blick, ohne dabei gemäß Kittler in umfassender Form auf Medien einzugehen. Kittler unterscheidet in seinem Werk »Aufschreibesysteme« jene des 18. Jahrhunderts von denen des 19. Jahrhunderts. Die Zäsur stellt für ihn die Einführung von technischen Medien dar. Als symbolisches Raster des Aufschreibesystems des 18. Jahrhunderts zwängt die Schrift alles durch den »Engpaß des Signifikaten« (Kittler 1986, S. 12), und zwar in Gestalt von Buchstaben, Ziffern oder Notenzeichen. Das heißt, Formen des Denkens orientieren sich an den Rationalitätsformen, die die Schrift vorgibt. Die Schrift, das Aufschreiben, zielt stets auf ein Vorher und ein Nachher ab. Dies führt zur Ausbildung von rationalem Denken. Die Schrift führt durch ihre Symbole aber auch abstraktes Denken ein: Dinge müssen nicht mehr im Sinne von Bildern nachgezeichnet werden, damit man sie versteht. Man kann einfach das Alphabet benutzen, um etwas auszudrücken. Ein Baum muss nicht gezeichnet, sondern kann durch eine Buchstabenabfolge zum Ausdruck gebracht werden. Jeder, der des Lesens mächtig ist, kann ohne weiteres entziffern, was die Buchstabenfolge Baum meint, nämlich ein Gewächs, eine Pflanze.

Anders als die Schrift speichern neue, technische Medien physikalische Effekte des Realen, unter anderem Licht- und Schallwellen. Das geschriebene Wort Baum ist ein willkürliches Zeichen, dem kein realer Baum zu entsprechend braucht, während (zumindest in vordigitalen Zeiten) das Foto eines Baumes voraussetzt, dass es zumindest zum Zeitpunkt der Aufnahme diesen Baum wirklich gibt. **Medien ändern die Anforderungen, die wir an Abbildungen stellen.**

Kittler geht von folgendem Zusammenhang aus: Es gibt keinen Naturzustand, mit uns als »unbeschriebene Blätter«, die dann manipuliert werden. Vielmehr kommt es darauf an, kulturelle Praktiken und mediale Ordnungen zu entschlüsseln, denen wir unsere Identität verdanken. Dabei dienen Menschen als mediale Inskriptionsflächen. Medien schreiben sich grundsätzlich in unseren Wahrnehmungsapparat ein, so die These von Friedrich Kittler. Er richtet sich gegen die Annahme von Marshall McLuhan, das Medien Prothesen des Menschen seien und bezieht sich mit diesen Worten implizit auf McLuhans Ansatz: »Methodisch heikel ist die (…) unbefragte Grundannahme, dass natürlich der Mensch das Subjekt aller Medien sei. Denn wenn man, wie es hier versucht wird, die Entwicklung eines medialen Teilsystems in aller historischen Breite analysiert, drängt sich gerade der umgekehrte Verdacht auf, dass technische Innovationen (…) nur aufeinander Bezug nehmen oder antworten und dass gerade aus dieser Eigenentwicklung, die vom individuellen oder gar kollektiven Körper des Menschen völlig abgekoppelt läuft, dann der überwältigende Impact auf Sinne und Organe überhaupt resultiert.« (Friedrich Kittler 2002, S. 23)

Marshall McLuhan hatte noch den Menschen ins Zentrum der medialen Vermittlung gestellt Beispiele dafür waren seine Beschreibung der Computermaus und der Fernbedienung als der Hand angepasste Medien, die in ihrer Funktion als verlängerte Organe wieder auf den Menschen zurückwirken. Für Friedrich Kittler ist diese Herangehensweise nicht konsequent genug durchdacht. Ihn interessiert, wie sich die medialen Bedingungen einer

Epoche in unseren Körper grundsätzlich und vorgängig einschreiben. Die Selbst- und Fremdwahrnehmungsformen werden bei Kittler streng an die medialen Bedingungen geknüpft, die zu einer bestimmten Zeit herrschen. Schon die Idee vom Menschen als selbstbestimmtem Subjekt ist damit eine, die von den medialen Bedingungen abhängt, die sich in einer bestimmten Epoche (nämlich jener der Aufklärung) entfaltet. Entsprechend formuliert Kittler: »Man weiß nichts über seine Sinne, bevor nicht Medien Modelle und Metaphern bereitstellen.« (Friedrich Kittler 2002, S. 28)

Erst die medialen Bedingungen eines Zeitalters vermitteln Wahrnehmungsformen, die wir für plausibel halten. Dass wir uns als selbstbestimmte, autonome Menschen verstehen, ergibt sich nicht einfach von selbst. Vielmehr ist diese Selbstwahrnehmung das Produkt von Medien, die uns beständig als autonom Handelnde adressieren. Das Mobiltelefon vermittelt uns etwa, dass uns ein individuelles Rederecht zusteht – solange wir unsere Telefonrechnung bezahlen. Das Internet vermittelt uns Tag für Tag, dass wir zu jedwedem Thema alles Mögliche schreiben können. Das Fernsehen adressiert uns beständig als Zuschauer, der sich eine Meinung zu den dort verhandelten Inhalten bilden soll. Und schließlich haben wir die Möglichkeit, einen Brief zu schreiben, als jemand, der etwas zu sagen hat. Kittler folgt hier Michel Foucault, wenn dieser postuliert: »Vor dem Ende des 18. Jahrhunderts existierte der Mensch nicht.« (Michel Foucault 1966/1971, S. 252). Friedrich Kittler wendet diese Perspektive nun nicht allgemein auf Wissensdiskurse und Ordnungssysteme an, wie Michel Foucault dies tut, sondern spezifisch auf Medien.

2.2 Technische Medien

Der Unterschied zwischen symbolischer Vermittlung durch die Schrift und technologischer Aufzeichnung, wie sie durch Grammofon und Film möglich wird, läuft auf die Beschränkung, wenn nicht gar Ausgrenzung menschlicher Eingriffsmöglichkeiten hinaus, so die These von Friedrich Kittler: Technische Präzisierung ist aus seiner Perspektive fortschreitende Dehumanisierung (vgl. Winthrop-Young 2005, S. 93ff). Er formuliert: »Um 1900 wird die Ersatzsinnlichkeit Dichtung ersetzbar, natürlich nicht durch irgendeine Natur, sondern durch Techniken. Das Grammophon entleert die Wörter, indem es ihr Imaginäres (Signifikate) auf Reales (Stimmphysiologie) hin unterläuft. (…) Der Film entwertet die Wörter, indem er ihre Referenten, diesen notwendigen, jenseitigen und wohl absurden Bezugspunkt von Diskursen, einfach vor Augen stellt. Als Novalis recht las, entfaltete sich in seinem Innern eine wirkliche, sichtbare Welt nach den Worten. Solchen Zauber hat niemand mehr nötig, dem (…) der Stummfilm (…) die

Faktizität von Gebärden und Dingen aufdrängt.« (Friedrich Kittler (1985/2003), S. 501)

Was bedeutet dieses Zitat? Die Welt, die sich der Leser der Goethezeit beim Lesen vorstellt, ist zum Ende des 19. Jahrhundert fotographisch und einige Zeit später kinematografisch direkt zugänglich. Die früher beim Lesen vorgestellten Stimmen und Töne erhalten jetzt eine fonographische Wirklichkeit, d. h. man kann die abwesenden Personen jetzt hören (Grammofon) und sehen (Film). Damit verändern Medien diskursive Praktiken und psychische Einschreibungen, so die Annahme von Friedrich Kittler. Die Vorstellungswelt der symbolischen Medien des 18. Jahrhunderts wird durch die für Kittler im Fokus seines Interesses stehenden technischen Medien des 19. Jahrhunderts transformiert. Je weiter sich technische Medien entwickeln, desto mehr lösen sie sich von der Beeinflussbarkeit durch den Menschen, so Kittlers These. Sie führen ein selbstständiges Geisterleben, mit dem Menschen als Anhängsel, das als Einschreibefläche von Wahrnehmungsformen dient. Nähern wir uns dieser Annahme am Beispiel der Fotografie: Anders als der Maler produziert der Fotograf ein genaues Abbild, die seiner Steuerungsmöglichkeit nahezu völlig entzogen ist, würde Kittler argumentieren. Zwar ist es der Fotograf, der das Motiv auswählt, Einstellungswinkel und Belichtungszeit einstellt. Speicherung und Reproduktion des Bildes obliegen indes allein dem Apparat. Und dies ist genau der Sachverhalt, für den sich Kittler interessiert. Man muss sein düster gezeichnetes Bild vom Menschen als Anhängsel nicht akzeptieren. Doch die Behauptung einer Eigendynamik elektronischer Medien leuchtet jedem ein, der einmal am Computer Datensätze verloren hat. Der Computer scheint ein Eigenleben zu führen, das vom Nutzer nur in seltenen Fällen durchschaut werden kann. Die Undurchschaubarkeit des Computers als Medium spiegelt sich auch in der aktuellen datenschutzrechtlichen Diskussion zum Schutz der Privatsphäre. Welche Daten eine Person freigeben möchte, liegt zwar nach wie vor in ihrer Hand. Doch der Computer kann sämtliche Nutzungspraktiken nachverfolgen und abbilden. Damit ist dem Einzelnen die Entscheidung, welche Daten wem zugänglich gemacht werden sollen, weitgehend entzogen. Die Speichermöglichkeiten von Computern führen dazu, dass die Spuren eines jeden Internetnutzers nachzuvollziehen sind. Ganze Marketing-Strategien setzen auf diese Speicherkapazität von Computern und »versorgen« individuelle Nutzer des Internets mit auf ihre Vorlieben zugeschnittene Werbung. Suchmaschinen wie Google filtern Daten nach den individuellen Nutzungspraktiken ihrer User. Diese Entwicklung, auch als *Web 3.0* bezeichnet, unterstreicht das, was Kittler bereits in den 1980er-Jahren den elektronischen Medien attestiert hat.

FAZIT

Fassen wir die bisherigen Ergebnisse zusammen:

1. Sowohl McLuhan als Kittler schreiben Medien eine generative Kraft zu: Medien prägen soziale Praktiken in einem umfassenden Sinne.
2. Während McLuhan das Subjekt ins Zentrum stellt, nach dem sich die Gestalt von Medien ausrichtet, geht Kittler von einem medialen Apriori aus und postuliert, dass Medien unsere Lage bestimmen. Demgegenüber skizziert Marshall McLuhan eine Zirkelbewegung bzgl. des Einflusses von Medien: Medien stellen einerseits Verlängerungen menschlicher Organe dar, gleichzeitig wirken sie als solche wieder auf die Praxis des Menschen zurück.
3. Mediengenealogie: Sowohl Marshall McLuhan als auch Friedrich Kittler binden den Ablauf der Geschichte an Medienwechsel. Ändern sich Medien, so ändern sich auch soziale Praktiken. So wird das Zeitalter der Schrift und des Buchdrucks durch das Zeitalter elektronischer Medien abgelöst. Kittler wendet sich in besonderem Maße der Einführung elektronischer Medien zu.

Literatur:

McLuhan, Marshall (1964): Understanding Media. The Extensions of Man. Part I,1, S. 17–36.

Kittler, Friedrich (1986): Grammophon, Film, Typewriter. Berlin, S. 3–33.

III. Theodor W. Adorno, Max Horkheimer, Pierre Bourdieu: Kritische Mediensoziologie

LEITENDE FRAGEN:

- Was ist so schlimm an Massenmedien?
- Können Medien auch etwas Gutes bewirken?

Die bisherigen Ausführungen haben sich vordringlich der Medientheorie der Kulturwissenschaft gewidmet – ein notwendiger Umweg, um in die Mediensoziologie einzusteigen. Jetzt geht es um eine kritische Mediensoziologie, die die Wirkungen von Medien problematisiert. Hauptvertreter dieser Strömung sind Theodor W. Adorno und Max Horkheimer. Sie haben in den späten 1920er- und frühen 1930er-Jahren das Forschungsprogramm der »Frankfurter Schule« ins Leben gerufen. In dessen Rahmen entwickelten sie die Theorie von der Medienwelt als Kulturindustrie. Was es damit auf sich hat, soll Gegenstand des vorliegenden Kapitels sein. (Einen guten Überblick über die »Frankfurter Schule« bieten die Arbeiten von Jay 1996 und Wiggerhaus 2001). In einem weiteren Schritt werden wir uns der Frage widmen, wie aktuell die Ausführungen von Horkheimer und Adorno heute noch sind. Hierzu widmen wir uns zwei Vorlesungen, die der französische Soziologe Pierre Bourdieu über das Medium Fernsehen gehalten hat. Die Soziologie Bourdieus schließt zwar nicht unmittelbar an die Kritische Theorie der Frankfurter Schule an. Sie gilt aber sozusagen als Neuauflage einer kritischen Sozialwissenschaft und steht somit durchaus in der Tradition der Frankfurter Schule. Doch zurück zur »Kritischen Theorie«.

Infobox:

Das Frankfurter Institut für Sozialforschung wurde in den 1930er-Jahren gegründet. Die Thesen zur Kulturindustrie, die Horkheimer und Adorno zur damaligen Zeit formulierten, sind in der mediensoziologischen Diskussion nach wie vor von Relevanz, wenn es um eine kritische Beschreibung des Einflusses der Massenmedien geht. Massenmedien sind aus ihrer Sicht ein kultureller Apparat, der sich vordringlich für ökonomische Verwertung, nicht aber für die Aufklärung der Menschen interessiert.

Die Kritische Theorie beruft sich auf Strömungen des Marxismus. Karl Marx stellt die These auf, dass sich aufgrund der ökonomischen Bedingungen einer Gesellschaft die sozialen Gegensätze zuspitzen. Die ökonomischen Widersprüche der Gesellschaft zeigen sich anhand sozialer Ungleichheiten. Mit der Entwicklung der modernen Gesellschaft kommt es immer wieder zu sozialen Kämpfen, deren Ziel es ist soziale Ungleichheiten zu beseitigen. Die Geschichte der Menschen, so die These von Karl Marx, ist die Geschichte von Klassenkämpfen. Nachdem sich die Bürger vom Joch des Adels befreit und ihre Revolution erfolgreich durchgeführt haben, prophezeit Marx, dass sich in der Folge die Arbeiterklasse vom Joch der Bürger befreien wird. Die Utopie Marx' liegt darin, dass er den Geschichtsverlauf als Befreiung von sozialer Ungleichheit und Unterdrückung beschreibt. Auf die Revolution der Arbeiterschaft soll gemäß Marx ein Zustand sozialer Freiheit folgen: Das Reich des Kommunismus gilt Marx als utopisches Ziel der Selbstverwirklichung.

Das Frankfurter Institut für Sozialforschung setzt mit seinem Forschungsprogramm genau an diesem Punkt an. Man fragte sich, weshalb die Arbeiterschaft in den 1920er- und 1930er Jahren sich eben gerade nicht für eine emanzipatorische, freiheitliche Bewegung entschied, sondern sich mehrheitlich dem Faschismus anschloss und damit der Verwirklichung von Freiheit und Selbstverwirklichung den Rücken kehrte. Bekanntlich gingen mit dem Nationalsozialismus Unfreiheit und Barbarei einher. Die Frankfurter Wissenschaftler schließen zwar einerseits an das marxistische Programm einer normativen Theorie an. Ihnen geht es tatsächlich um die Entwicklung einer Theorie, die sich für die politisch-praktische Verwirklichung einer freiheitlichen Gesellschaft einsetzt und sie nicht nur wissenschaftlich beobachtet. Deshalb ist das Forschungsprogramm der Frankfurter Soziologen auch unter dem Namen **Kritische Theorie** bekannt. Kritik meint hier eine Forschungspraxis, die sich für politisch-praktische Veränderungen der Gesellschaft interessiert und ihre Forschungsperspektive genau hierfür einsetzt. Die Frankfurter Forscher interessieren sich schwerpunktmäßig dafür, warum die von Marx formulierten Prognosen sich nicht bewahrheiteten, warum also die Arbeiterschaft eine sie entmündigende, verbrecherische politische Bewegung unterstützte. Hierzu wurden zahlreiche empirische, soziologische und sozialpsychologische Studien sowie theoretische Arbeiten vorgelegt. Um die mediensoziologischen Ausführungen von Max Horkheimer und Theodor W.

Adorno besser verstehen zu können, werfen wir zunächst einen Blick auf die Grundlagen ihrer Forschungsperspektive. Sie bildet den Hintergrund für die Betrachtung von Medien mittels der Kritischen Theorie.

1. Dialektik der Aufklärung

Max Horkheimer, Leiter des Frankfurter Instituts für Sozialforschung, und Theodor W. Adorno richten ihren Blick auf den Geschichtsverlauf und die Entwicklung der modernen Gesellschaft. Nachzulesen ist dies in dem bis heute berühmten Werk »Dialektik der Aufklärung« (1944). Es entstand im amerikanischen Exil – beide Wissenschaftler wurden von den Nazis in die Emigration gezwungen. Ihre These ist, dass bereits den frühesten Anfängen der gesellschaftlichen Selbstaufklärung das Prinzip der Herrschaft immanent ist. Horkheimer und Adorno formulieren diesen düsteren Befund wie folgt: »Seit je hat Aufklärung im umfassendsten Sinn fortschreitenden Denkens das Ziel verfolgt, von den Menschen die Furcht zu nehmen und sie als Herren einzusetzen. Aber die vollends aufgeklärte Erde strahlt im Zeichen triumphalen Unheils.« (Horkheimer / Adorno 1944, S. 9) Aufklärerische Bewegungen sind ihrer Erkenntnis nach all jene Bewegungen, die den Menschen zur Selbstbefreiung und Selbstfindung, also zur Emanzipation von fremden Kräften, verhelfen sollen. **Aufklärung** ist für Horkheimer und Adorno einerseits die historische Epoche, in der sich die bürgerliche Gesellschaft herausgebildet hat – also das 17. und 18. Jahrhundert. Gleichzeitig setzen sie den Prozess der Aufklärung viel früher an, nämlich mit der Entstehung erster Erzählungen und Geschichten, die versuchen, den Geschichtsverlauf erklärbar zu machen. Damit meinen sie die frühen Mythen des alten Griechenlands.

Die frühe griechische Mythologie produziert erstmals Geschichten, die die damalige Welt nicht über Rituale – also über religiöse Praktiken – erklärte. Frühgeschichtliche Gesellschaften beten Götter an und führen rituelle Tänze auf, um den Lauf der Geschichte zu beeinflussen. Im Zeitalter der frühen Antike wandelt sich diese religiöse Form der Erklärung von Zeitverläufen. Es entstehen Geschichten, Mythen, in denen nun Darstellungen ganz anders auftauchen können als im Ritus: Sie werden erzählt und in eine bestimmte Reihenfolge gebracht, setzen abstraktes Denken voraus und befördern eine lineare Logik des Vorher- und des Nachher.

Beispielhaft ist für Horkheimer und Adorno die Geschichte des Odysseus. Odysseus befindet sich nach dem Krieg um Troja auf dem Heimweg – die Götter der griechischen Sagenwelt setzen aber alles daran, diese Heimkehr zu verhindern. Immer wieder gelingt es Odysseus jedoch, sich von der Macht der Götter zu befreien. Durch geschicktes Handeln kann er immer wieder sein Schicksal zu seinen Gunsten wenden und sich der Macht der

Abb. 4: Kulturindustrie
Foto: Gabi Blum

Götter entledigen. So gelingt es ihm, an den Sirenen vorbei zu segeln, jenen göttlichen Figuren, die durch ihren Wohlgesang Seefahrer in ihren tödlichen Bann ziehen. Odysseus weiß um dieses Problem und löst es, indem er sich an den Mast des Schiffes festbinden und der Besatzung die Ohren mit Wachs verstopfen lässt. So kann Odysseus der Macht der Götter entkommen und gleichzeitig der Schönheit der Gesänge lauschen, ohne ihnen zu verfallen. Der Preis dafür ist, sich selbst Gewalt antun zu müssen.

Für Horkheimer und Adorno ist diese Geschichte Aufklärung in zweierlei Hinsicht. Zum einen geht es um den Inhalt: Der Mythos erzählt eine Geschichte darüber, wie sich Odysseus durch überlegtes Handeln von der Macht der Götter lossagen kann. Außerdem lässt sich die Geschichte der Odyssee als Element der Aufklärung sehen, weil es eine **erzählte Geschichte** ist. Mit dem Medium der Sprache wird hier *durch das Erzählen einer Geschichte* – der Odyssee – eine neuartige Selbstaufklärung möglich. Eine Welt, die über erzählte Geschichten erklärt wird, ist für Horkheimer und Adorno eine aufgeklärte Welt. Der Mythos *rationalisiert* die Welt auf neuartige Weise, bringt Ereignisse in einen *chronologisch erzählbaren Geschichtsverlauf* und befördert *abstraktes Denken*. Der Mythos trägt also nicht nur inhaltlich, sondern performativ als praktisch erzählte Geschichte zur Aufklärung bei. Medien im Sinne von **Sprache** und erzählbaren Geschichten spielen also für Horkheimer und Adorno eine ganz entscheidende Rolle im Zuge der Herstellung aufgeklärter Verhältnisse. Es ist deshalb kein Zufall, dass sie ausgerechnet den Mythos an den Anfang des Prozesses der Aufklärung setzen.

Gleichzeitig zeigt sich aber bereits an der Geschichte des Odysseus, dass sich der Prozess der Aufklärung von Beginn an in Herrschaftszusammenhänge verstrickt: Odysseus entwischt zwar der Macht der Götter, indem er sich an den Mast fesseln lässt. So kann er den Sirenengesängen lauschen, ohne ihnen zu verfallen. Um sich zu beherrschen, muss er sich aber wie erwähnt Gewalt antun. Dieses Gewaltmoment in der erzählten Geschichte der Odyssee ist gemäß Horkheimer und Adorno programmatisch für den gesamten Aufklärungsprozess. So wie Odysseus sich an den Mast fesseln lassen muss, um seine Freiheit zu erlangen, müssen wir uns selbst beherrschen lernen, um in der modernen Gesellschaft als aufgeklärte Subjekte zu funktionieren. Das bereits in den Prozess der Aufklärung eingeschriebene Prinzip der Unterwerfung und der Unfreiheit bezieht sich auch auf das Medium der Sprache, in der die Geschichte des Odysseus erzählt wird. Sprache ist zwar einerseits ein Mittel der Aufklärung und der Emanzipation, weil sie Dinge rationalisierbar macht. Gleichzeitig muss sich alles Erlebbare trotz seiner Einzigartigkeit der Herrschaft der Sprache unterwerfen. Sprache verallgemeinert, entfernt von besonderen Erfahrungen und befördert eine abstrakte Logik, der sich alles Individualistische unterzuordnen hat. Wofür es keinen Begriff gibt, das existiert auch nicht. Odysseus macht sich diese Praxis des Mediums Sprache zu Nutze. Als der Zyklop ihn gefangen hält, wehrt er sich mit Hilfe seiner Begleiter und blendet diesen. Auf die Frage des Zyklopen, wer ihn geblendet habe, antwortet Odysseus: »Niemand!« Das rettet ihn. Denn der Zyklop kann auf die Frage, wer ihn denn geblendet habe, nur antworten: »Das war niemand.« Die Rache des Zyklopen an Odysseus bleibt aus, obwohl die Götter diese Strafe für Odysseus vorgesehen hatten.

Die Annahme von Horkheimer und Adorno ist nun, dass sich im Prozess der Aufklärung das Prinzip des rationalistischen Denkens immer weiter verstetigt. Was sich dem Prinzip der Rationalität und einer allgemeinen, abstrakten Logik nicht fügt, hat in der modernen Gesellschaft keinen Platz mehr. Rationalität und das Denken in Zweck-Mittel-Relationen bekommen einen unantastbaren Status, so die These. Horkheimer und Adorno formulieren ihren Befund folgendermaßen: »Wie die Mythen schon Aufklärung vollziehen, so verstrickt Aufklärung mit jedem ihrer Schritte tiefer sich in Mythologie.« (Horkheimer/Adorno 1944, S. 18) Was ist mit diesem Satz gemeint? Während der erzählte Mythos im alten Griechenland noch für Aufklärung sorgte, weil er zu einer rationalisierten Erklärung des Weltverlaufs beitrug und zur Selbstermächtigung der Menschen führte, ändert sich dies mit der weiteren Entwicklung. Nun hat sich alles nur mehr der rationalistisch orientierten Zweckverwendung zu unterwerfen. Was aus dem einstmals positiven Aufklärungsprozess entstanden ist, sind Machtverhältnisse und Herrschaftszusammenhänge.

2. Kulturindustrie: Aufklärung als Massenbetrug

Medien sind für Horkheimer und Adorno gemäß ihrem Aufsatz »Kulturindustrie« (1944) vor allen Dingen **technische Medien**. Waren Medien im Sinne erzählbarer Geschichten im alten Griechenland noch Instanzen, die zur Selbstaufklärung der Menschen beitrugen, so sind sie nun nur mehr dazu da, den Menschen auf die Welt der Arbeit einzustimmen. Und die Welt der Arbeit ist für Horkheimer und Adorno, die sich auch auf Marx beziehen, vor allen Dingen die Welt des Kapitals. Massenmedien sind in der modernen Gesellschaft eine Art technischer Apparat, der die Menschen auf die Ausbeutungsverhältnisse des modernen Kapitalismus vorbereiten und darauf einschwören soll. Dies zeigt das folgende Zitat: »Neu (…) ist, dass die unversöhnlichen Elemente der Kultur, Kunst und Zerstreuung durch ihre Unterstellung unter den Zweck auf eine einzige falsche Formel gebracht werden: die Totalität der Kulturindustrie. Sie besteht in Wiederholung.« (Horkheimer/Adorno 1944, S. 144)

Mit »Zweck« ist hier das Prinzip der ökonomischen Verwertung gemeint. Massenmedien sind laut Horkheimer und Adorno nicht mehr länger Instanzen der Aufklärung. Ihre stereotypen Darstellungen, ihre serialisierten Abfolgen (Wiederholung) dienen eher dem genauen Gegenteil. So wie der Arbeiter am Fließband eine stereotype, mechanische Arbeit verrichten muss, schwören die stereotypen Bilder der Massenmedien den Arbeiter auf den Takt der Maschine ein: »Amusement ist die Verlängerung der Arbeit unterm Spätkapitalismus.« (Horkheimer/Adorno 1944, S. 145) Ein anderes Zitat weist in eine ähnliche Richtung: »Sofern die Trickfilme neben Gewöhnung der Sinne ans neue Tempo noch etwas leisten, hämmern sie die alte Weisheit in alle Hirne, dass die kontinuierliche Abreibung, die Brechung allen individuellen Widerstandes, die Bedingung des Lebens in dieser Gesellschaft ist. Donald Duck in den Cartoons wie die Unglücklichen in der Realität erhalten ihre Prügel, damit die Zuschauer sich an die eigenen gewöhnen.« (Horkheimer/Adorno 1944, S. 145) Massenmedien verdoppeln also die Realität und schwören uns auf die von ihnen gezeigte Welt ein, so lautet die These. Die Bilder der Massenmedien erscheinen uns wirklicher als die eigentliche, durch sie verdrängte Welt. Sie erzeugen eine Ideologie.

Wie gelingt dies nun? Wie schaffen es die Massemedien, ihre Zuschauer auf diese Weise zu beeinflussen? Einerseits, so die These der Frankfurter Wissenschaftler, orientieren sich die Massenmedien am Geschmack der Massen. Man bietet den Menschen einfache Bilder der Welt und erreicht sie auf diese Weise. Und die Massenmedien streben es an, die Massen zu erreichen, weil sich damit am meisten Geld verdienen lässt. Die von ihnen produzierten Inhalte richten sich am ökonomischen Prinzip der Verwertung aus. Was der Masse gefällt, wird deshalb gesendet und gedruckt, weil sich hiermit der ökonomische Erfolg am besten realisieren lässt. Das einstige Ziel von erzählten Geschichten, nämlich Dinge zum Zwecke der Selbstbefreiung erklärbar zu machen, geht dabei verloren. Massenmedien stehen nicht für Aufklärung und Emanzipation – also für die Befreiung der Menschen aus unfreien Verhältnissen, so Horkheimer und Adorno. Die Massenmedien geben zwar einerseits vor, die Gesellschaft aufklären zu wollen – ihre Inhalte sind aber lediglich dem Prinzip der ökonomischen Verwertung unterworfen. Und das liegt nicht nur daran, dass etwa Zeitungshersteller Geld verdienen wollen. Die Art der Darstellung von Inhalten insgesamt gleicht sich dem Prinzip der Verwertung an. Wie die Maschine in der Fabrik genormte Inhalte am Fließband erzeugt, werden in den Massenmedien genormte Inhalte der Information hergestellt. Schönheit, Ästhetik, Kunst – alles Elemente, die in den frühen Geschichten der Selbstaufklärung noch vorkamen – werden hier nicht mehr sichtbar. Zwar geben die Massenmedien vor, die Gesellschaft über sich selbst aufklären zu wollen. Aber unter den gegebenen Bedingungen gerinnt dieses Ansinnen zum Betrug. Dazu Horkheimer und Adorno: »Immerwährend betrügt die Kulturindustrie ihre Konsumenten um das, was sie immerwährend verspricht.« (Horkheimer / Adorno 1944, S. 148) Unter der Vorgabe, aufklären zu wollen, werden nur ökonomische Zwecke verfolgt. Dabei sind die Massenmedien ein umfassender Apparat, eine Industrie, in der kulturelle Inhalte vermarktet werden. Dieser umfassenden Kulturindustrie kann sich niemand mehr entziehen: »Kultur heute schlägt alles mit Ähnlichkeit. Film, Radio, Magazine machen ein System aus. Jede Sparte ist einstimmig in sich und alle zusammen.« (Horkheimer / Adorno 1944, S. 128) Gemeint ist damit also nicht nur die Filmindustrie Hollywoods, sondern auch das Radio, die Massenpresse, die Unterhaltungs- und Nachrichtenproduktion. Vorgebliche Differenziertheit und Unterschiedlichkeit sind dabei nur eines, nämlich vorgeblich. Bei all der Vielgestaltigkeit und Mannigfaltigkeit treffen sich die Produkte der Massenmedien doch in einem Punkt: dem Vermarktungsinteresse. Damit entsteht ein allgegenwärtiger Zusammenhang der Verblendung, der dazu dienen soll, das Publikum von allen Seiten einzufangen und zu manipulieren. Die Welt der Medien wird damit zur eigentlichen Welt, aus der es kein Entrinnen mehr gibt. Die Massenmedien erzeugen einen Formatierungs-, Anpassungs- und Vereinheitlichungsdruck ohne Korrekturmöglichkeit.

Übungsvorschlag:

Beobachten Sie Personen, während diese vor dem Fernseher sitzen. Werden hier tatsächlich Menschen manipuliert? Sie werden schnell merken, dass Fernsehen keine eindimensionale Praxis ist – Personen unterhalten sich über das Gesehene, gehen aus dem Raum, schalten um usw. (siehe (Holly / Püschel / Bergmann 2001). Möglicherweise formulieren Horkheimer und Adornos Thesen einen zu starken Wirkungszusammenhang zwischen Medien und Menschen. Selbst wenn Formate im Fernsehen einen Massengeschmack befriedigen wollen, heißt das noch lange nicht, dass wir diese Inhalte auch so aufnehmen, wie von den Produzenten geplant.

Wie muss man diese hier kurz skizzierten Thesen zur Kulturindustrie von Horkheimer und Adorno heute einschätzen? Inwiefern sind sie noch von Relevanz? Wir wollen dies mithilfe der Gedanken von Pierre Bourdieus erörtern.

3. Pierre Bourdieu: Über das Fernsehen

Pierre Bourdieu hat in zwei Vorlesungen, die im Mai 1996 im Fernsehen ausgestrahlt wurden, zur Praxis eben dieses Fernsehens und vor allen Dingen zum Fernsehjournalismus kritisch Stellung bezogen. In seiner Kritik zitiert er die Thesen von Horkheimer und Adorno zur Kulturindustrie nicht, noch beruft er sich explizit darauf. Implizit aber führt er diese Denktradition durch seine kritische mediensoziologische Betrachtung des Fernsehens fort.

Infobox:

Pierre Bourdieu (1930–2002) gilt als einer der bekanntesten und einflussreichsten Soziologen des 20. Jahrhunderts. Er lehrte in Paris am Collège de France. Seine Arbeiten sind vorwiegend empirisch orientiert. Dabei trat er immer wieder für sozial benachteiligte Gruppierungen ein, etwa in der sozialkritischen Reihe *raison d'agir.*

Bourdieu problematisiert das Fernsehen und beschreibt es als »eine sehr große Gefahr für das politische und demokratische Leben.« (Bourdieu 1998, S. 9) Der Soziologe interessiert sich für die **Bedingungen des Fernsehens** –

es geht ihm dabei nicht um das Fehlverhalten einzelner Journalisten, sondern wie sich das Fernsehen als soziale Praxis etabliert. Auftritte im Fernsehen seien mit »eine(r) regelrechte(n) Zensur« (Bourdieu 1998, S. 18) verbunden, erklärt Bourdieu. Themen werden vorgegeben, Redezeiten eingeschränkt und die Voraussetzungen der Bildaufnahme gesetzt. Zudem würde man in den Sendeanstalten das Gewicht auf vermischte Meldungen legen. Durch die Spaltung der Mediennutzer übt das Fernsehen politischen Einfluss, so Bourdieu: Auf der einen Seite stehen jene, die die seriöse Tagespresse lesen und darin umfassende und wohl abgewogene Informationen erhalten können. Auf der anderen Seite befinden sich die Fernsehzuschauer, die allein mit unterhaltsamen Nachrichten versorgt werden. Zudem seien Journalisten primär auf Sensationen aus: »Das Auswahlprinzip ist die Suche nach dem Sensationellen, dem Spektakulären.« (Bourdieu 1998, S. 25) Fernsehen verlange nach Dramatisierung. Ereignisse müssten im Fernsehen in Bilder umgesetzt werden, dabei würde das dramatische und tragische Element bei bestimmten Ereignissen ins Zentrum der Aufmerksamkeit gerückt. Weil dies alle Fernsehsender gleichermaßen versuchten, entstehe letztlich das immer gleiche Programm. »Um als erster etwas zu sehen und zu zeigen, ist man zu fast allem bereit, und da alle sich gegenseitig in die Karten schauen, um einander zuvorzukommen, vor den anderen da zu sein oder es anders als die anderen zu zeigen, machen alle am Ende dasselbe, und das Ringen um Exklusivität, das andernorts, in anderen Berufsfeldern Originalität, Einzigartigkeit hervorbringt, endet hier in Uniformisierung und Banalisierung.« (Bourdieu 1998, S. 27) Diese Uniformisierung von Blickweisen mittels Fernsehen sei besonders bedenklich, denn das Fernsehen tue so, als ob es die wirkliche Welt, die Realität abbilde, erklärt Bourdieu: »Es kann zeigen und dadurch erreichen, daß man glaubt, was man sieht. Diese Macht etwas vor Augen zu führen, hat mobilisierende Wirkung.« (Bourdieu 1998, S. 27) Bourdieu will darauf hinaus, dass Fernsehberichte nicht neutral sind, sondern stets auch eine ethische oder politische Einfärbung haben. Sie erhalten diese Einfärbung durch die Ausrichtung auf eine bestimmte Blickweise, nämlich die der Dramatisierung von Inhalten. Dadurch könnten oft starke oder gar negative Gefühle ausgelöst werden wie Rassismus, Ausländerfeindlichkeit und Fremdenhass. Bourdieu formuliert: »(…) noch der simple Bericht richtet ja, denn er impliziert immer eine soziale Konstruktion der Wirklichkeit, die sozial mobilisierende (oder demobilisierende) Folgen haben kann.« (Bourdieu 1998, S. 28) Aus dem *Be*schreiben der sozialen Welt würde durch das Fernsehen ein *Vor*schreiben (ebd.). Durch die Kamera des Fernsehens würde sozial und politisch entschieden, was existiert und berichtenswert ist – und was nicht.

Hinzukommt, dass der Journalismus dazu beiträgt, Nachrichten zirkulieren zu lassen. Was der eine Sender ausgestrahlt hat, wird von dem nächsten

Sender auch für sein Programm anvisiert, so Bourdieu. Denn schließlich orientiert sich das Fernsehen vordringlich an den **Einschaltquoten**. »In Redaktionsstuben, in Verlagshäusern, allerorten regiert heutzutage die ›Einschaltquotenmentalität‹. Überall ist Maßstab der Verkaufserfolg.« (Bourdieu 1998, S. 36) Damit würde sich das Realitätsbild des Fernsehens an einer ökonomischen Logik orientieren und danach ausrichten. Die Logik des Kommerzes schlage damit durch alle Kulturerzeugnisse des Fernsehens durch. Bourdieu macht darauf aufmerksam, dass historisch betrachtet oftmals jene Kulturprodukte Bedeutung erlangt haben, die zunächst einmal missfallen haben oder gar auf Widerstand stießen – ein Beispiel dafür ist die Behauptung des Kopernikus, die Erde sei eine Kugel und keine Scheibe. Orientiert sich das Fernsehen nur an den Einschaltquoten, riskiert es damit, das womöglich folgenschwere Inhalte in der Berichterstattung gar nicht mehr auftauchen – schlicht deshalb nicht, weil sie nicht dem Geschmack der Masse entsprechen.

Wie sind nun die kritischen Mediensoziologien von Horkheimer und Adorno sowie von Pierre Bourdieu einzuschätzen? Anhand der Arbeit von Bourdieu konnten wir sehen, dass eine kritische Mediensoziologie durchaus noch aktuelle Züge tragen kann. Eine kritische Betrachtung von Medien hat in der Soziologie also nicht nur eine gewisse Tradition, sondern wird auch in heutiger Zeit noch praktiziert. Was in beiden Ansätzen fehlt, ist die Frage nach dem kritischen Zuschauer. Beide Ansätze gehen von einem **eindimensionalen Wirkungszusammenhang** von Medien aus. Dahinter steht die Annahme, dass die gesendeten Inhalte auch tatsächlich so beim Zuschauer ankommen und verstanden werden, wie sie ausgestrahlt worden sind. Man richtet im Rahmen beider Ansätze den Blick auf die Inhalte von Medien und die Bedingungen, unter denen sie hergestellt werden, weniger auf die Rezeption seitens der Zuschauer. Wir werden im nächsten Kapitel sehen, dass die Cultural Studies die Blickrichtung umkehren und sich eben primär für den kritischen Zuschauer interessieren.

Andererseits ist durchaus hervorzuheben, dass gerade im Zeitalter von Social Media und Web 2.0-Formaten eine immer stärkere Ausrichtung von Inhalten am vermeintlichen Publikumsgeschmack erfolgt. Der Journalist ist heutzutage oftmals weniger eine Person, die Nachrichten vorsorglich auswählt und zusammenstellt, sondern eher ein Kurator von Zuschauerstatusmeldungen und keine kritische Instanz, die in den Diskurs eingreift und das Publikum auch mit unangenehmen Themen konfrontiert. Diese Entwicklung deckt sich in Teilen mit den von Horkheimer, Adorno und in der Folge Bourdieu aufgestellten Annahmen zur Verwertungslogik.

Zum Schluss hier noch einmal die Kapitelinhalte in Kurzform:

FAZIT

1. Eine kritische Mediensoziologie richtet sich normativ auf Medieninhalte. Sie will Inhalte nicht nur beschreiben, sondern stellt die Frage, wie sie sich (zum Besseren) verändern lassen könnten.
2. Sowohl Horkheimer und Adorno als auch Bourdieu richten ihren Blick auf die Bedingungen der Produktion eines Massenjournalismus. Dabei stellt sich für sie die ökonomische Ausrichtung der Inhalte als besonders problematisch heraus. Die Inhalte der Medien werden nicht mehr produziert, um Aufklärung zu leisten sondern gelten als Betrug am Mediennutzer. Die ökonomische Orientierung führt zur Veränderung von Inhalten – man uniformiert und vereinfacht sie, was wiederum problematische politische Folgen haben könnte.
3. Sowohl Horkheimer und Adorno als auch Bourdieu richten ihre Blickweise vordringlich auf die Inhalte von Medien. Wie der Zuschauer bzw. Leser diese Inhalte aufnimmt, interessiert die Wissenschaftler weniger. Man geht davon aus, dass der Mediennutzer umstandslos von den Inhalten der Massenpresse und des Fernsehens zu überzeugen ist. Tatsächlich kann sich der Mediennutzer aber auch kritisch hierzu verhalten. Wie dies soziologisch zu erklären ist, zeigt das folgende Kapitel.

Literatur:

Horkheimer, Max / Adorno, Theodor W. (1944/1988): Kulturindustrie. In: Dies: Dialektik der Aufklärung. Frankfurt/Main, S. 128 ff.
Bourdieu, Pierre (1998): Über das Fernsehen. Frankfurt/Main.

IV. Cultural Studies: Medieninterpretation als politische Praxis

LEITENDE FRAGEN:

- Warum können wir Fernsehbilder verstehen?
- Was machen wir mit Fernsehbildern?

Die Cultural Studies sind ein in den 1970er und 1980er-Jahren in England aufgestelltes Forschungsprogramm. Maßgebliche Institution der Cultural Studies war das Centre for Contemporary Cultural Studies in Birmingham, als einer ihrer wichtigsten Vertreter gilt nach wie vor Stuart Hall. Andere bedeutende Protagonisten dieser Forschungsrichtung sind Jon Fiske und Ien Ang, die beide insbesondere zur Soziologie des Fernsehens geforscht haben. Im Rahmen des Forschungsprogramms sieht man Gesellschaft als Kultur, die lesbar und interpretierbar ist, als ein soziales Zeichensystem, das gelesen werden kann. Insofern ist diese Perspektive für eine soziologische Betrachtung der Medien von unmittelbarem Interesse. Aber: Was meint hier eigentlich genau Kultur? Dieser Frage wollen wir uns zunächst zuwenden, bevor wir uns mit dem Forschungsansatz der Cultural Studies und seinen mediensoziologischen Implikationen näher auseinandersetzen.

1. Kultur als politischer Bedeutungszusammenhang

Kultur als Begriff bezeichnet so unterschiedliche Dinge, dass sich damit kaum etwas spezifisch fassen lässt. Im landläufigen Sinne wird Kultur häufig als Synonym für den Bereich des Ästhetischen – Theater, Musik etc. – gebraucht. In den Sozialwissenschaften wird Kultur auch als Äquivalent für Soziales schlechthin aufgefasst, also als Ersatz für einen Gesellschaftsbegriff. Der Begriff der Kultur fasst dann unterschiedliche Gesellschaftsformen: etwa die englische, französische, deutsche und italienische Kultur. Kultur kann aber auch ganz unterschiedliche Bereiche des Sozialen beschreiben: die

Arbeiterkultur, die bürgerliche Kultur, die Jugendkultur oder die Subkultur. Was an diesen Beispielen auffällt, ist, dass Kultur als Begriff in den Sozialwissenschaften offenbar immer wieder dann auftaucht, wenn es darum geht, etwas zu *unterscheiden*. So kann sich die Arbeiterkultur von der Kultur des Bürgertums unterscheiden, in dem sie bestimmte unterschiedliche Arten sich zu kleiden, zu ernähren, zu wohnen etc. institutionalisiert. Die Jugendkultur grenzt sich wiederum durch eigene Konsumgewohnheiten ganz explizit von der Kultur der Erwachsenen ab. Kultur gilt dabei stets als Modus, der **Vergleichbarkeit** herstellt. Selbst wenn man Gesellschaften als Kulturen beschreibt, tut man nichts anderes, als Vergleichbarkeit unterschiedlicher Gesellschaften zu ermöglichen. Stets geraten unterschiedliche Sozialformen ins Blickfeld, die verschiedene Praktiken beinhalten: Die Jugendkultur im Unterschied zur Kultur der Erwachsenen, die Arbeiterkultur zur Kultur der Bürgerlichen. Der Kulturbegriff setzt unterschiedliche Sozialformen miteinander in Beziehung und stellt darüber Vergleichbarkeit her. Daran lässt sich ablesen, dass soziale Praktiken spezifisch unterschiedlich verlaufen und sich nicht ohne weiteres übertragen lassen (Allgemein zur Bedeutung des Kulturbegriffs in der Soziologie: Burkart / Runkel 2004).

Infobox:

Die Cultural Studies sind ein in den 1970er- und 1980er-Jahren geprägtes Forschungsprogramm, beheimatet am Centre for Contemporary Cultural Studies in Birmingham. Von besonderer Bedeutung für diese Forschungsrichtung sind der Begriff der Kultur und seine politische Verortung.

Der Kulturbegriff der Cultural Studies stellt die Vergleichbarkeit unterschiedlicher sozialer Praktiken als **politische Praxis** dar. Was bedeutet hier wiederum Politik? Gesellschaft zeigt sich in den Cultural Studies als Gemengelage unterschiedlicher Kulturen, die widersprüchlich aufeinander bezogen sind. Kultur meint in den Cultural Studies zunächst einmal sämtliche sozialen Bedeutungen, die vorherrschen. Man kann hier tatsächlich von *herrschen* sprechen. Denn Kulturbedeutungen entstehen aus der Sicht der Cultural Studies nicht einfach von selbst. Sie werden hergestellt und durch die Angehörigen einer Kultur erzeugt. Dabei ist es von zentralem Interesse, welche Personen sich dabei durchsetzen, wer also bestimmen kann, welche Kulturbedeutungen vorherrschen und welche nicht. Im Rahmen der Cultural Studies meint Kultur weder Ästhetik noch anthropologische Forschung. Kultur als Politik zielt auf die **Bedeutungsproduktion** von sozialen Phänomenen ab, es geht um die Herstellung von Kultur im Sinne eines Bedeutungsapparats. Welche Bedeutungen werden im sozialen Raum sichtbar? Von wem werden sie produziert? Wie wird daran angeschlossen? Wer kann was wie sagen und wer kann das verstehen? Auf welche Weise werden sie verstanden? Dies sind Fragen, die die Cultural Studies in ihren Forschungsarbeiten interessieren. Beleg dafür ist das Zitat eines ihrer wichtigsten Vertreter, Jon Fiske: »Das Wort ›Kultur‹ hat im Begriff ›Cultural Studies‹ weder eine ästhetische noch eine humanistische Ausrichtung, sondern vielmehr eine politische. (…) Kultur meint also nicht die ästhetischen Produkte des menschlichen Geistes, die als Bollwerk gegen die Flut des niedrigen industriellen Materialismus und der Vulgarität dienen, sondern vielmehr eine Lebensweise in einer industriellen Gesellschaft, die sämtliche Bedeutungen dieser sozialen Erfahrung umfasst.« (Fiske 1992/2001, S. 17). Kultur kann also als eine Art Zeichensystem gelesen und interpretiert werden. Dabei interessieren sich die Cultural Studies gerade für die unterschiedlichen Lesarten von Kulturbedeutungen. Der Hinweis auf Politik in dem obigen Zitat soll zeigen, dass die Herstellung von sozialen Kulturbedeutungen nicht voraussetzungslos erfolgt. Die These der Cultural Studies ist, dass die Herstellung von Bedeutungen an den jeweiligen Ort gebunden ist, an dem sie produziert werden. Es geht den Cultural Studies also um eine perspektivische Auffassung des Sozialen. Das bedeutet etwa, dass ein Migrant die bestehenden Bedeutungszusammenhänge des sozialen Raums typischerweise anders anschaut und interpretiert, als jemand, der schon längst dieser Kultur von Bedeutungen angehört. Auch für Frauen bedeuten herrschende Bedeutungszusammenhänge typischerweise etwas anderes als für Männer, so die feministisch unterfütterte These. Wenn die Cultural Studies von der Politik der Kulturbedeutungen sprechen, dann zielen sie darauf ab, dass die unterschiedlichen Lesarten des Sozialen nicht zufällig erfolgen. Man will darauf hinaus, dass diese unterschiedlichen Lesarten auch auf Machtverhältnisse zurückzuführen sind. Wer schafft die herrschende Bedeutung von Kultur? Und wie lassen sich alternative Lesarten etablieren?

2. Alltags- und Populärkultur

Die Cultural Studies widmen sich sowohl Fernsehserien als auch den Hausfrauen oder Jugendlichen, die diese konsumieren. Dabei beurteilen die Cultural Studies die Medienformate der Populärkultur nicht negativ, wie dies etwa noch im Umfeld von Max Horkheimer und Theodor W. Adorno der Fall war. Die Cultural Studies stufen den Medienkonsumenten als **aktiven Konsumenten** ein. Jon Fiske betont dies wie folgt: »Denn Kultur ist ein

Prozess der Bedeutungsproduktion, an dem sich die Leute aktiv beteiligen. Sie ist kein Set von vorgefertigten Bedeutungen, die an die Leute weitergegeben und ihnen aufgezwungen werden.« (Fiske 1992/2001, S. 63f)

Der Zuschauer von Fernsehsendungen wie »Bauer sucht Frau« und »Dschungelcamp« stellt aus der Sicht der Cultural Studies ebenso aktiv Bedeutungen her wie der Leser von Kant und Nietzsche. Damit haben die Cultural Studies die Rezeptionsweisen von oftmals marginalisierten, ausgegrenzten Gruppen auf die gleiche Stufe gestellt wie bürgerliche Konsumenten, die die Kultur dominieren und bestimmen, was in ihr vorkommen soll und was nicht. Jeder nimmt aktiv an der Bedeutungsproduktion des Sozialen teil, so die These der Cultural Studies. Die Bedeutungen werden auf spezifische Weise etwa durch Fernsehanstalten und Zeitungsredaktionen hergestellt und damit dominiert. Wie diese Bedeutungen aber gelesen und interpretiert werden, ist damit noch längst nicht ausgemacht. Schließlich geschieht dies je unterschiedlich – und zwar abhängig von dem Kontext, von der Lebenswelt, der Umwelt, von dem Ort aus, von dem die Medieninhalte betrachtet und konsumiert werden, so die zentrale These der Cultural Studies.

Damit bieten die Cultural Studies ein Forschungsprogramm an, das sich von den Einsichten der Frankfurter Schule stark unterscheidet. Wir erinnern uns: Moderne Medien sind aus der Sicht der Frankfurter Schule Massenmedien, die sich zur Kulturindustrie verdichten und den Rezipienten allumfassend umgeben, so dass sich der Einzelne kaum entziehen kann. Gleichzeitig bietet die Kulturindustrie der Massenmedien stereotype Inhalte an, die den (schlechten) Geschmack der Massen bedienen. Diese stereotypen Inhalte werden exakt so von dem Zuhörer, Leser und Zuschauer rezipiert. Man nimmt also einen eindimensionalen Wirkungszusammenhang an. Die Cultural Studies bieten hierzu eine alternative Lesart. Ihnen geht es nicht so sehr um die Frage, was die Medien mit uns machen, sondern vielmehr um die Frage, was wir mit den Medien machen. Wie werden welche Inhalte wahrgenommen und verarbeitet?

2.1 Encoding und Decoding

Stuart Hall hat diesen Prozess der Medienaneignung an einem spezifischen Modell genauer erläutert. In diesem Modell geht er von zwei Denk-Figuren aus, betitelt »Encoding und Decoding« **(Hall 1980)**. In einem Aufsatz erklärt Stuart Hall diese Figuren genauer. Zunächst richtet sich die Unterscheidung von Encoding und Decoding auf folgenden Sachverhalt: Die Inhalte von Massenmedien werden zwar durch spezifische Produzenten von Bedeutungen vorgegeben, etwa durch Verlage, Fernsehanstalten und Zeitungsredaktionen, also von professionellen Journalisten, die in einen umfassenden Produktionsapparat eingebunden sind. Zentral ist aber folgendes: Die Inhalte von Medien sind unterschiedlich lesbar und interpretierbar, die Lesart ist nicht vorgegeben, argumentiert Stuart Hall. Das Produzieren einer Nachricht (encoding) kann die Entschlüsselung einer Nachricht (decoding) nicht letztgültig beeinflussen. Eines der bekanntesten Zitate von Stuart Hall lautet deshalb: « (…) there is no necessary correspondence between encoding and decoding, the former can attempt to ›prefer‹ but cannot prescribe or guarantee the latter, which has its own conditions of existence.« (Hall 1980, S. 135)

Encoding meint hier, dass Bedeutungen der Medien auf spezifische Weise hergestellt werden. Welche Inhalte werden von den Massenmedien als bedeutsam erachtet und veröffentlicht? Welche Art der Platzierung von Inhalten erfolgt? Wie werden Nachrichten präsentiert? Diese Fragen werden, so die These der Cultural Studies, nach einem bestimmten Muster der Bedeutungsproduktion beantwortet. Inhalte, die wir in den Massenmedien lesen und sehen können, tauchen dort nicht zufällig auf, sondern werden nach einem bestimmten Muster der Bedeutungsproduktion hergestellt. Und dieses Muster richtet sich nach den jeweils gültigen Meinungen darüber, was gerade als sehenswert erachtet wird und was nicht. Die Muster der Bedeu-

Abb. 5: Skizze zu Encoding und Decoding
Foto: Gabi Blum

tungsproduktion stellen also einen mächtigen Apparat dar, der sich nach den herrschenden Machtverteilungen innerhalb einer Gesellschaft ausrichtet. Und den Prozess der spezifischen Bedeutungsproduktion durch bestimmte Bedeutungsträger bezeichnen die Cultural Studies als Encoding.

Auf der anderen Seite steht der Konsument von Nachrichten, der diese aber nicht einfach passiv wahrnimmt. Er entschlüsselt sie vielmehr aktiv und baut sie in seinen lebensweltlichen Ort, seinen persönlichen Kontext ein. Stuart Hall bezeichnet diesen Prozess als das **Decoding** einer Nachricht: Der Medienrezipient liest die gesendeten Bedeutungen in dem Sinne, wie sie in seinem sozialen Kontext sinnvoll sind und Anschlussfähigkeit erzeugen. Aktive Rezipienten lesen auf verschiedene Weise mediale Botschaften, so entsteht ein heterogenes Publikum.

Gerade weil sich die Cultural Studies für die aktiven Aneignungsprozesse von Medieninhalten interessieren, richten sie ihren Blick auf die Produkte der Populärkultur. Untersucht werden soll, wie über aktive Aneignungsprozesse von Medieninhalten so etwas wie Demokratisierung und Partizipation möglich wird. Erforscht werden Serien wie »Dallas« (Ien Ang) oder Musikvideos, die von jugendlichen Zuschauern rezipiert werden. Jon Fiske etwa untersuchte, wie weibliche Teenager auf Musikvideos des Weltstars Madonna zugriffen. Madonna war primär in den 1980er-Jahren ein breitenwirksames Idol vor allen Dingen für junge Frauen. Kritisiert wurde gleichzeitig ihr sexuell aufgeladenes Gebaren. Jon Fiske interessierte sich für die Aneignungsformen und wie es dadurch zu Emanzipationsprozessen kommen kann.

2.2 Das Beispiel Madonna

In ihrem Musikvideo »Material Girl« bezieht sich Madonna auf Marilyn Monroes Darstellung des Songs »Diamonds are a girls best friend« im Film »Blondinen bevorzugt«. Sie distanziert sich aber gleichsam davon, indem sie sich als emanzipiertes Sexsymbol präsentiert, das von Männern umringt wird. Zum Schluss des Videos fährt Madonna mit einem Arbeiter und nicht mit einem der reichen Schnösel davon, von denen sie während des gesamten Videos umgarnt wird. Gemäß den Cultural Studies sind die Inhalte des Videos nicht zweifelsfrei gegeben, sondern müssen erst entschlüsselt (decodiert) werden. Folgt die Frage, wie diese Entschlüsselung vonstattengeht. Welche Lesarten werden überhaupt möglich? Beim Video von Madonna sind unterschiedliche Lesarten denkbar.

So ließe sich Madonna als verblendete Ikone des Kapitalismus begreifen. Sie präsentiert sich als sexualisierte Frau in der Welt des männlich dominierten Kapitalismus. Folgt man zum Beispiel Horkheimers und Adornos Thesen zur Kulturindustrie, so stellt sie nichts anderes dar als eine verblendete

Person, die sich den Regeln der Kulturindustrie unterwerfen muss und diese gleichzeitig reproduziert.

Andererseits könnte man sich Madonna auch als emanzipierte Frau denken. Sie spielt zwar ein Sexsymbol in der Männerwelt, kennt aber die Regeln und weiß damit umzugehen. In dieser auf der Basis der Cultural Studies möglichen Lesart scheint Madonna nicht mehr länger als verblendete Ikone, sondern als Weltstar, der sich die gängigen Regeln des Kapitalismus angeeignet hat und sich darüber als Person emanzipiert. Sie erscheint als mündige Sprecherin, die die Regeln der Bedeutungsproduktion im Kapitalismus durchschaut und damit spielen kann.

Schließlich bietet sich noch eine dritte Lesart an, welche die Emphase der Cultural Studies in Bezug auf Emanzipationsprozesse wieder relativiert. Madonna erscheint dann als eine Figur, die die Regeln der kapitalistischen Welt vorführt und dabei die männliche Herrschaft über die Frau ironisiert und diese nur mehr als Karikatur ihrer selbst sichtbar macht.

Mit dieser Aufzählung ist die Darstellung möglicher Lesarten nicht abgeschlossen. Abhängig vom Ort, an dem sich das Publikum befindet, können Inhalte immer wieder neu und anders gelesen werden – so noch einmal die zentrale Argumentation der Cultural Studies.

John Fiske und Stuart Hall versuchen gleichermaßen zu erklären, weshalb diese unterschiedlichen Lesarten überhaupt sind. Wie kann der gleiche Inhalt unterschiedliche Lesarten erzeugen? Wie sind massenkompatible Inhalte medial beschaffen, damit sie weltweit anschlussfähig werden können? Oder anders formuliert: Wie können Inhalte von einem Massenpublikum überhaupt verstanden werden, wenn doch Lesarten so unterschiedlich ausfallen? Oder mit Jon Fiske gesprochen: »Wir müssen verstehen können, wie es dieses Ensemble an Bedeutungen, das wir ›Madonna‹ nennen, gleichzeitig einem *Playboy*-Leser ermöglicht, die Bedeutungen (…) zu aktivieren, und einem weiblichen Fan, sie als sexy und als keinen Mannes bedürftig zu erleben, als jemanden, der ›ganz sie selbst ist‹.« (Fiske 1992/2001, S. 63) Was macht die mediale Beschaffenheit populärkultureller Formate aus, damit sie von einem heterogenen (unterschiedlichen) Publikum überhaupt verstanden und verschieden interpretiert werden können?

Die Antwort auf diese Fragen liegt für Jon Fiske und Stuart Hall in der **Offenheit von Bedeutungsgehalten**. Die produzierten Bedeutungen sind einerseits mit einem Inhalt versehen und damit codiert (encoding). Diese inhaltliche Codierung bestimmt die Lesart des Inhalts aber nicht vollständig. Jon Fiske führt dazu weiter aus: »Der Fernsehtext kann nur dann populär sein, wenn er offen genug ist, um eine Reihe von ausgehandelten Lesarten zu ermöglichen, über die unterschiedliche soziale Gruppen zu bedeutsamen Artikulationen ihrer eigenen Beziehungen zur dominanten Ideologie gelangen können. Jeder Fernsehtext muss folglich bis zu einem gewissen Grad polysem sein, denn die strukturierte Heterogenität des Publikums erfordert eine entsprechend strukturierte Heterogenität von Bedeutungen im Text.« (Fiske 1992/2001, S. 35) *Polysem* ist ein Begriff aus der Sprachwissenschaft. Er steht dort für den Sachverhalt, dass ein sprachliches Zeichen, etwa ein Wort, unterschiedliches meinen kann und für verschiedene Bedeutungsinhalte und Begriffe offen steht. Der Ausdruck polysem, den Jon Fiske hier in diesem Zitat verwendet, steht ebenfalls für die grundsätzliche Mehrdeutigkeit von Zeichen. Seine These ist nun, dass die Inhalte der Populärkultur nur deshalb von einem Massenpublikum lesbar sind, weil sie unterschiedlich interpretiert werden können. Die unterschiedliche Lesbarkeit hat auch etwas mit der materialen Beschaffenheit der Medien selbst zu tun. Die Zeichen, die Bedeutungen produzieren, sind zwar einerseits mit einer bestimmten Bedeutung aufgeladen – sie sind codiert (encoding). Gleichzeitig sind sie aber bedeutungsoffen genug (polysem), um unterschiedlich interpretiert werden zu können und damit sind sie unterschiedlich anschlussfähig. Nur deshalb kann ein Massenpublikum einen gemeinsamen Inhalt interessant oder spannend finden.

Das folgende Reproduktion einer YouTube-Seite illustriert diese Erkenntnis. Hier zeigt sich, dass das Video von Madonna die unterschiedlichsten Anschlüsse ermöglicht.

Folgt man Hall und Fiske, so erscheinen Medien als Zeichen (Signifikanten), die offen genug für unterschiedliche Anschlussmöglichkeiten sind. Die medialen Zeichen (Signifikanten) sind nicht an einen bestimmten Inhalt

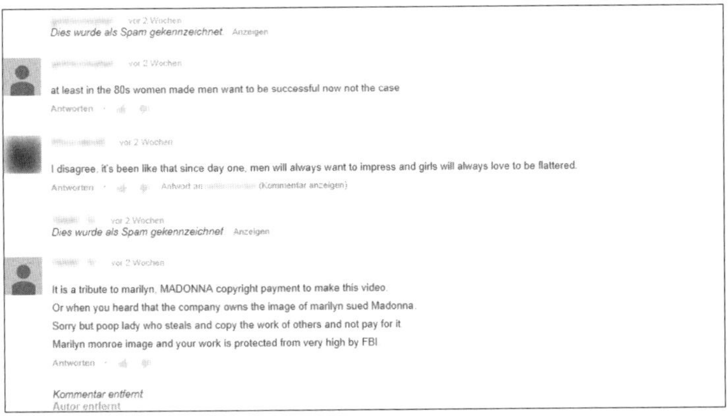

Abb. 6: Kommentare
Quelle: YouTube.de

(Signifikate) stringent gebunden – sie können immer wieder anders aufgeschlüsselt, dekodiert werden.

Weil dies so ist, ermöglicht Mediennutzung Emanzipation. Die unterschiedliche Lesart von Inhalten ist bereits ein Emanzipationsprozess, indem der Leser seine Perspektive mit einbringt und zu einer individuellen Interpretation gelangt. Dazu noch einmal Fiske: »Diese losgelösten Signifikanten haben nicht unbedingt eine *bestimmte* Bedeutung, sie binden nicht notwendigerweise Signifikate an sich. Der Akt ihrer Loslösung aus ihrem ideologischen Kontext steht vielmehr für die Befreiung ihrer Benutzer aus diesem Kontext. Er steht für die Macht (…) der Untergeordneten, im kulturellen Prozess der Bedeutungsproduktion eine gewisses Maß an Kontrolle auszuüben.« (Fiske 1992/2001, S. 54). Emanzipation meint also eine selbstbewusste Aneignung von Medieninhalten, über die die Medienkonsumenten gleichzeitig zu einem Selbstbewusstsein von sich selbst als Mediennutzer gelangen.

Infobox:

Für die Cultural Studies ist die Welt des Sozialen eine Welt von Zeichen. In den Sprachwissenschaften heißen Zeichen wiederum Signifikanten, die bestimmte Inhalte bezeichnen. Signifikante (bedeutungsreiche) Zeichen benennen ein Signifikat. Die Unterscheidung von Signifikant und Signifikat geht auf den Sprachwissenschaftler *Ferdinand de Saussure* (1857–1913) zurück. Ein Signifikant ist zunächst schlicht eine symbolische Vercodung von Inhalten. Beispiel: das Wort BAUM. Die Bedeutung dieses Wortes, dieser symbolischen Vercodung, ist nicht notwendigerweise an das Wort, den Code selbst gekoppelt. Das Signifikat ist losgelöst vom Signifikanten. Dass wir einen Baum als Baum bezeichnen, ist also keine Notwendigkeit, sondern ein Zufall, der sich aufgrund bestimmter Konventionen einmal verstetigt hat.
Der Zusammenhang des symbolischen Codes mit dem, worauf er verweist, ist beliebig, zufällig – in den Sprachwissenschaften nennt man dies »arbiträr«. Aber: Erst über die Bedeutungszuweisung Baum = BAUM erhält der symbolische Code seinen sozialen Sinn und wird zum bedeutungsreichen Zeichen. Die Cultural Studies politisieren jetzt diese zunächst rein sprachwissenschaftliche Figur. Man geht in diesem Rahmen durchaus von der Bedeutung des Mainstreams oder einer vorherrschenden Ideologie aus. Diese kann aber immer umgedeutet und ganz anders gelesen werden. Es erfolgt eine emphatische Aufladung und Politisierung des Prozesses: »Der semiotische Kampf spiegelt den sozialen Kampf nicht wider, sondern ist Teil dieses Kampfes.« (Fiske 1992/2001, S. 37)

2.3 Medienrezeption als Emanzipation?

Es sind gerade jene Produkte der Kulturindustrie, die von der Kritischen Theorie Adornos argwöhnisch betrachtet werden, die für die Cultural Studies aber eine große Rolle im Hinblick auf Demokratisierung und Emanzipation spielen: die Produkte der Populärkultur. Neben Pop-Phänomenen wie Madonna werden auch Fernsehserien wie Dallas (Ang 1985) in den Cultural Studies in den Blick genommen. Während die Cultural Studies dem Sehen der Serie Dallas feministisches Potenzial zuerkennen, wäre aus Sicht der Kritischen Theorie Dallas nichts weiter sein als ein zynischer Beitrag zur ohnehin schon gegebenen Verblendung der Gesellschaft.

Die Cultural Studies widmen sich schwerpunktmäßig populärkulturellen Inhalten. Gefeiert wird eine politische Praxis, die sich im Konsum und in der Unterhaltung von Medieninhalten zeigt. Wie man sich so eine Lesepraxis als politisierte Praxis vorstellen kann, zeigt etwa das Magazin »*Candy. The First Transversal Style Magazine*«. Mit seinem Coverfoto aus dem Jahr 2009 verweist die Redaktion explizit auf einen Songtitel von Madonna aus dem Jahr 1987 auf: Who's that Girl?

Im Kontext der Zeitschrift erhält der Bezug zur aufgeworfenen Frage in Madonnas Song noch einmal eine ganz neue Wendung. Die Zeitschrift *Candy* wird in einer Auflage von nur 1000 Exemplaren hergestellt. Es handelt sich um ein Kunst- und Modemagazin, das sich explizit transsexuellen Praktiken der Identitätserzeugung gewidmet hat, dazu gehören Cross-Dressing, Androgynität und Transvestitentum. Der Bezug zu Madonnas Aussehen im Musikvideo sowie im gleichnamigen Film »Who's that girl« im Zusammenhang mit der Zeitschrift spielt mit Formen der Weiblichkeit und

Abb. 7: Candy Girl
Quelle: www.doyoureadme.de/blog/2009/12/03/candy

der Männlichkeit. Gemäß den Cultural Studies lässt sich schließen, dass die Lesart des Musikvideos bzw. des gleichnamigen Films von Madonna unter Transsexuellen eine spezifische Anschlussweise ermöglicht. Das Magazin nimmt diese spezifische Anschlussmöglichkeit auf und produziert selbst wiederum Inhalte, die für die Sprecherposition der Transsexuellen von Interesse ist. Damit können sich Transsexuelle von bestehenden Rollenzuschreibungen (spezifisch weiblich, spezifisch männlich) distanzieren und eine eigenständige Position erlangen.

Wie kann man diesen Ansatz der Cultural Studies vor dem Hintergrund der aktuellen Medienlandschaft einschätzen? Einerseits leisten die Cultural Studies einen wichtigen Beitrag zur mediensoziologischen Rezeptionstheorie. Ihr Forschungsansatz führt zu einer Publikumsanalyse, die sich dafür interessiert, wie bestimmte mediale Inhalte verarbeitet und weiter transportiert werden. Andererseits haben die Cultural Studies diesen Prozess der Entschlüsselung von Inhalten emphatisch überhöht. Ob der Konsum von Unterhaltungsformaten immer schon gleich eine politische Praxis ist, bleibt fraglich. Zudem kann man darauf hinweisen, dass im Internet-Zeitalter die Aktivität von Zuschauern und die Herstellung individueller Bedeutungen permanent vorgeführt und erlebt wird.

In diesem Zusammenhang kann man als alternative Entschlüsselung des Videos von Madonna auf die Arbeit von Lady Gaga in ihrem Video »Poker Face« verweisen. Lady Gaga scheint hier selbst auf Madonnas ästhetische Praxis zurückzugreifen, sie zu zitieren und dabei gleichzeitig neu zu interpretieren. An diese Interpretation schließen wiederum beliebige weitere Deutungen der Zitation und der Wiederholung im Internet an – ein Beweis für den permanenten Prozess der aktiven Entschlüsselung und der Decodierung von Inhalten, den die Cultural Studies schon in den 1980er-Jahren beschrieben haben.

Im Internet gibt es immer mehr Sprecher, die sich Medieninhalte aneignen und als solche transformieren. Die politische Emphase relativiert sich aber, wenn massenhaft aufgezeigt wird, dass der Inhalt eines Videos wie Lady Gagas' »Poker Face« zur individuellen Aneignung taugt. Schon allein wegen der bei YouTube abrufbaren Reihung unterschiedlichster Interpretationen des Videos eines Weltstars wird die individuelle Aneignungspraxis von Usern zu einer möglichen Form neben anderen. Was die Cultural Studies noch als (sub-)politische Entäußerung verstanden haben, zeigt sich im Web als individuelle Sprecherpositionen, die sich nicht einmal mehr anhand einer besonderen (sub-)politischen Gruppierung verorten müssen. Sie weisen sich weder als Feministen, Transsexuelle, Migranten oder einer jugendlichen Subkultur Angehörige aus, sondern sprechen schlicht für sich – als eine mögliche Entäußerung neben vielen anderen.

FAZIT

Fassen wir die bisherigen Ausführungen zusammen.

1. Der soziale Raum gilt den Cultural Studies als Bedeutungsraum, eine Art Zeichensystem, das unterschiedlich gelesen und interpretiert werden kann.
2. Sichtbar werden unterschiedliche Kulturen der Lesbarkeit des Sozialen, die widersprüchlich aufeinander bezogen sind. Einerseits tragen Personen dazu bei, bestimmte Inhalte als maßgeblich zu produzieren (encoding). Andererseits ist damit noch lange nicht ausgemacht, wie diese Inhalte gelesen werden können. Die Entschlüsselung (decoding) einer Nachricht hängt immer von dem jeweiligen Ort und der Perspektive des Interpreten ab.
3. Die Kulturen der Lesbarkeit gelten aber nicht nur als heterogen oder divers. Vielmehr zeigen sie sich als politische Praktiken. Die Aneignungsweisen von Kulturprodukten können deshalb in Emanzipationsprozesse münden.

Literatur:

Hall, Stuart (1980): Encoding / decoding. In: Culture, Media, Language. Working Papers in Cultural Studies, 1972–79. London, S. 128–138.

Fiske, John (2001): Die britischen Cultural Studies und das Fernsehen. In: Die Fabrikation des Populären: der John Fiske-Reader. Bielefeld, S. 17–68.

V. Sybille Krämer, Gabriel Tarde, Bruno Latour: Unsichtbare Medien

LEITENDE FRAGEN:

- Wie vermitteln Medien soziale Praxis?
- Weshalb bleiben Medien im praktischen Vollzug unsichtbar?

In den vorherigen Kapiteln ging es um wissenschaftliche Ansätze, die Medien eine relativ starke Wirkungsweise zugesprochen haben, beispielsweise die Beiträge aus der Medientheorie der Kulturwissenschaft mit ihren wichtigen Vertretern Harold A. Innis und Marshall McLuhan. (siehe Kap. A I und II).

Wenn die starke Wirkungsweise der Medien darin besteht, dass sie Botschaft sind, wie McLuhan dies postuliert, dann stellt sich die Frage, was aus dieser Genealogie der Medien folgt. Und dann lässt sich konstatieren, dass Medien nicht nur ihre eigene Geschichte schreiben, sondern auch unsere Geschichte beeinflussen: die Geschichte des Sozialen. Ändern sich Medien, dann ändern sich auch soziale Aushandlungsformen, die an Medien anschließen, lautet die These, wenn von der Genealogie der Medien die Rede ist. Friedrich Kittler hat dies mit seiner Rede von einem *medialen Apriori* besonders stark betont. Denn Kittler war, wie wir in Kapitel II gesehen hatten, davon ausgegangen, dass allen Erfahrungswerten des Sozialen die ihnen zugrunde liegenden medialen Bedingungen vorausgehen. Nach Ansicht der Medienphilosophin Sybille Krämer ist es genau die Generativität der Medien, auf die sich in der Medienwissenschaft alle theoretischen Richtungen grundsätzlich einigen können. »Wenn wir in der Heterogenität der medientheoretischen Positionen einen kleinsten gemeinsamen Nenner ausmachen wollen, so finden wir diesen in der Idee, dass Medien Inhalte nicht nur weitergeben, sondern grundsätzlich generativ sind.« (Krämer 2008, S. 21)

Doch gegen diese Art des Medienmaterialismus wendet sich die Arbeit von Sybille Krämer. Für sie fungieren Medien als Mittler, als Boten und sie betont das Medium in seiner Mittlerstellung zwischen Sender und Empfänger. Das Medium ist für sie etwas Drittes, das unterschiedliche Dinge zusammenbringt. Sybille Krämer problematisiert damit die herkömmliche Medientheorie mit ihrem starken Medienbegriff, demgemäß generative Medien das Soziale bedingen. Von dieser Auffassung grenzt sie sich ab. »Was immer ein

Medium ist: Seine Mittel- und Mittlerstellung ist grundlegend. Medien sind nicht autonom. (…) Es gibt immer ein Außerhalb von Medien.« (Krämer 2008, S. 31)

Wir wollen uns in diesem Kapitel mit drei Autoren befassen, denen eines gemeinsam ist: Sie gehen davon aus, dass Medien im praktischen Vollzug kaum sichtbar werden, ja, dass sie dabei unsichtbar bleiben. Alle drei Autoren stimmen zwar der These zu, dass Medien soziale Praktiken prägen. Sie legen in ihren Ausführungen den Fokus aber auf einen Aspekt, der in der herkömmlichen Medientheorie eher unbeachtet blieb: **die Unsichtbarkeit von Medien im praktischen Vollzug**. Die drei Autoren stammen dabei aus ganz unterschiedlichen Traditionen. Sybille Krämer arbeitet derzeit als Medienphilosophin in Berlin. Sie hat sich stark mit den Thesen von Marshall McLuhan und Friedrich Kittler auseinandergesetzt und eine eigenständige Medientheorie vorgelegt (Krämer 2008). Der zweite Autor stammt aus der Gründergeneration der Soziologie: Gabriel Tarde (1843–1904) war Zeitgenosse von Émile Durkheim, konnte sich aber zur damaligen Zeit kaum mit seinen Thesen in der soziologischen Öffentlichkeit durchsetzen. Erst vor kurzem wurden seine Arbeiten wiederentdeckt und rehabilitiert (vgl. Borch/Stäheli 2009). Der dritte Autor steht für eine Soziologie der Dinge: Es ist Bruno Latour, der in Paris Soziologie lehrt.

1. Sybille Krämer: Medien als (unsichtbare) Boten

Laut Sybille Krämer nehmen Medien eine Zwischenposition ein. Sie liegen nicht sozialen Entwicklungen zugrunde, sondern vermitteln als Boten die Position eines Senders mit der eines Empfängers. Das ist mit der oben zitierten Aussage gemeint, dass es immer ein Außerhalb von Medien gibt. Mediale Prozesse sind für Krämer in erster Linie **Übertragungsprozesse**, die nicht von Medien gesteuert sind. Sie interessiert sich für die Unterbestimmtheit der Medien. Was ist damit gemeint?

Medien, so die These von Sybille Krämer, machen sich in sozialen Prozessen unsichtbar, um praktisch wirken zu können: »Wir hören nicht Luftschwingungen, sondern den Wasserkessel pfeifen; wir sehen keine Lichtwellen des Farbspektrums Gelb, sondern einen Kanarienvogel; nicht eine CD, sondern Musik kommt zu Gehör; und die Kinoleinwand ›verschwindet‹, sobald der Film uns gepackt hat. Je reibungsloser Medien arbeiten und zu Diensten sind, umso mehr verharren sie unterhalb der Schwelle unserer Wahrnehmung.« (Krämer 2008, S. 27) Medien, die sich **im praktischen Vollzug unsichtbar** machen, können erst dadurch die Botschaft, die sie vermitteln wollen, sichtbar machen und zeigen. So ist der Text dieses Einführungsbuches deshalb lesbar, weil er in gedruckter Sprache vermittelt wird

Abb. 8: Medien als unsichtbare Boten, die etwas übertragen zwischen einem Sender und einem Empfänger
Foto: Gabi Blum

und in Form eines Buches käuflich zu erwerben ist. Die gedruckte Schrift im Buch folgt einer bestimmten Dramaturgie. Sie wird von links oben nach rechts unten gelesen, folgt einer bestimmten Grammatik. Die so präsentierten Inhalte müssen sich in gewisser Weise auch dieser Dramaturgie fügen. Dadurch entsteht eine spezifische Logik des Vorher und des Nachher. Der Buchdruck führt schließlich dazu, dass dieses Einführungsbuch beliebig viele Personen lesen können und sich über die Grundlagen der Medientheorie und der Mediensoziologie informieren können. All diese Momente tauchen beim Leseprozess selbst gar nicht auf. Das Buch und die gedruckte Schrift verschwinden hinter dem durch sie präsentierten Inhalt. Und deshalb, so Krämer, können sie als Medien funktionieren: Weil sie im Hintergrund stehen, können sie fremde Inhalte in den Vordergrund rücken und vermitteln. Dazu ein weiteres Zitat: »Indem Medien etwas zum Vorschein bringen, treten sie selbst dabei zurück; Medien vergegenwärtigen, indem sie selbst dabei unsichtbar bleiben; selbst zur Geltung kommen sie umgekehrt nur im Rauschen, also in der Dysfunktion und Störung.« (Krämer 2008, S. 27)

Dass wir es mit Medien zu tun haben, machen wir uns meistens dann bewusst, wenn sie nicht funktionieren: Durch einen Stromausfall wird der

Computer, auf dem dieses Einführungsbuch gerade geschrieben wird, vom Stromnetz abgeklemmt. Der Akku fällt aus, der Computer stürzt ab, im schlimmsten Fall werden sogar Daten gelöscht. Erst die Dysfunktion macht sichtbar, dass es Medien sind, die uns bei der Datenvermittlung helfen. Ist diese Betrachtungsweise auch plausibel? Können wir uns Medien und ihre Wirksamkeit tatsächlich nur bewusst machen, wenn es zu Störungen kommt? Einerseits überzeugt Krämers These. Gleichzeitig lässt sich an der Vielzahl der Mediendebatten ablesen, dass wir öfter über Medien nachdenken, als das der Ansatz von Sybille Krämer glauben macht. Das folgende Beispiel soll die Sichtbarkeit von Medien in der Praxis noch einmal verdeutlichen: die Beendigung einer Liebesbeziehung. Welches Medium benutzt man, um dem Liebespartner von einst die gewünschte Trennung mitzuteilen? Spricht man direkt mit ihm oder ihr? Schreibt man ihm oder ihr einen Brief? Ruft man an? Verfasst man eine SMS? Geht es um die Beendigung einer Liebesbeziehung, unterliegt die Wahl des Mediums sogar einer moralischen Bewertung. Wer sich etwa für das Schreiben einer SMS entscheidet, wird schnell zu hören bekommen, dass dieses Mittel für diesen Zweck gänzlich unangebracht sei. Besser sei das direkte Gespräch geeignet. Dies zeigt, dass wir uns im Alltag öfter Gedanken um die praktische Wirkung von Medien machen, als die These Krämers das nahelegt.

2. Gabriel Tarde: Medialität als schlafwandlerische Nachahmung

Medien prägen zwar (auch) soziale Praktiken. Sie bedingen sie aber nicht restlos, wie dies etwa Friedrich Kittler mit seiner These von einem *medialen Apriori* vorschlagen würde. Und: Medien machen sich im praktischen Vollzug unsichtbar. Ähnliches formuliert auch Gabriel Tarde, ein Zeitgenosse Émile Durkheims, in seinen Arbeiten. Tardes Werk hat erst in jüngster Zeit Beachtung gefunden. Für Gabriel Tarde sind soziale Prozesse Effekte von Nachahmungspraktiken: »Eine soziale Gruppe ist eine Gruppe von Wesen, die sich gegenseitig momentan nachahmen oder einander ähnlich sind, ohne sich gegenwärtig nachzuahmen, deren gemeinsame Merkmale aber früheren Nachahmungen desselben Vorbilds entstammen.« (Tarde 1883, S. 89).

Was könnte hiermit gemeint sein? Geht es um die Wiederholung des Immergleichen, was wir in der Kritik an medialer Stereotypenbildung in der Kulturindustrie-These von Horkheimer und Adorno kennengelernt haben? Nachahmung meint bei Gabriel Tarde nicht schlichte Kopie, sondern vielmehr Variation und Transformation: »Die Wiederholungen gibt es also um der Variationen willen.« (Tarde 1883, S. 31) Wenn er von Wiederholung spricht, bezieht sich Tarde auf Vorlagen und Ereignisse. Diese werden aufgegriffen und in den eigenen Lebenszusammenhang übertragen. Allein durch diese Übertragung erfahren sie eine Transformation. Mittels Einbettung in einen neuen Zusammenhang werden bereits bestehende Formen erneuert und variiert. Dadurch entsteht eine soziale Ordnung, die sich weiterhin immer wieder neu erfindet, indem sie bisherige Praktiken in andere Kontexte, Zeitverhältnisse und Lebensweisen überführt und dadurch verändert.

Medien versorgen uns nun mit Formatvorlagen, die wir aufgreifen und in einen anderen Zusammenhang überführen können. Dadurch entsteht sozialer Wandel und eine Gesellschaft, die einerseits Formen und Praktiken kennt und stabilisiert, die diese andererseits aber immer wieder neu liest und verändert. Gabriel Tarde verweist hier besonders auf die Sprache als Medium und formuliert in Bezug auf die uns zur Verfügung stehenden Wissensformen: »Dieses Wissen besteht aus einer Mischung von vergangenen Traditionen und gewöhnlichen, mehr oder weniger geordneten Erfahrungen und wird über den großen Träger aller Nachahmungen vermittelt, nämlich über die Sprache.« (Tarde 1883, S. 38)

Sprache versorgt uns mit medialen Formatvorlagen, d. h. mit Vorstellungen und Wahrnehmungsmöglichkeiten, die wir in unseren Kontext überführen und dort zur Anwendung bringen. Dadurch werden einerseits Bedeutungsgehalte übernommen – andererseits aber auch transformiert. In jedem spezifischen Kontext werden Bedeutungen neu hergestellt und zur Anwendung gebracht. Hierzu noch einmal ein Zitat von Tarde: »Die Nachahmungen (Worte einer Sprache, Mythen einer Religion, Geheimnisse einer Kriegskunst, literarische Formen usw.) verändern sich auf dem Weg von einer Rasse oder Nation zu einer anderen, etwa von den Hindus zu den Germanen oder von den Romanen zu den Gallieren, und genauso verändern sich die physikalischen Wellen oder die Lebensformen beim Wechsel von einem Milieu zum nächsten.« (Tarde 1883, S. 45)

Medien transformieren also Gesellschaft – aber nicht im Sinne eines eindimensionalen Wirkungszusammenhangs, der uns manipuliert. Und auch nicht im Sinne eines starken, generativen Medienbegriffs, wie ihn die Medientheorie vorgeschlagen hat (Kittler, McLuhan). Gabriel Tarde ermöglicht einen relationalen Medienbegriff, der Medien als Mittler, Überbringer von Formatvorlagen begreift, an die immer wieder anders angeschlossen werden kann. Wichtig ist, dass diese Nachahmungsprozesse einigermaßen unbewusst stattfinden. Tarde vergleicht die Prozesse der Nachahmung mit dem **Schlafwandeln**: »Die Gesellschaft besteht aus Nachahmung und Nachahmung aus einer Art Somnambulisumus.« (Tarde 1883, S. 111) Der Schlafwandler (der Somnambule) wiederholt Ereignisse und Formate, ohne davon zu wissen – aber nicht als Verblendeter gemäß Adorno und Horkheimer.

Vielmehr muss man sich die schlafwandlerischen Praktiken des Mediennutzers so vorstellen, wie Praktiken der Aneignung in der Mode. Zu konstatieren ist ein loser Bezug zu den medientheoretischen Arbeiten von Sybille Krämer, die bekanntlich davon ausgeht, dass sich Medien im praktischen Vollzug unsichtbar machen.

3. Bruno Latour: Medialität als Black Box

Bruno Latour ist der Begründer der Akteur-Netzwerk-Theorie, die sich als empirische Philosophie versteht. Es geht ihr um die Überwindung eines Schemas, das entweder das Subjekt in den Mittelpunkt der Betrachtung stellt, oder die Materialität bzw. Technik, die soziale Prozesse hervorbringt, fokussiert. Der Ansatz der Akteur-Netzwerk-Theorie richtet sich sozusagen gegen ein Subjekt-Objekt-Schema in der Beobachtung des Sozialen. Was dies genau bedeutet, lässt sich am besten anhand von Beispielen verdeutlichen: In seinen ersten Forschungsarbeiten beschäftigte sich Bruno Latour mit dem wissenschaftlichen Labor (1979). Seine Arbeiten hierzu zeigen, wie wissenschaftliche Tatsachen im Labor sozial hergestellt und vermittelt werden. Außerdem erforschte er den Zusammenhang von Dingen und Menschen. So dient Bruno Latour etwa die Bodenschwelle in Verkehrssystemen als Beispiel, um die Vermitteltheit von Menschen und Dingen zu erklären (Latour 2006): Die Bodenschwelle ist so beschaffen, dass sie den Verkehr strukturiert, sie zwingt Autofahrer dazu, langsamer zu fahren. Die zentrale These seiner wissenschaftlichen Perspektive formuliert Bruno Latour wie folgt: »Gesellschaft ist das Ergebnis lokaler Konstruktion, aber wir sind auf der Baustelle nicht allein, da wir dort auch die vielen Nicht-Menschen mobilisieren, durch die die Ordnung von Raum und Zeit umgebildet worden ist. Menschlich zu sein erfordert, mit Nicht-Menschen zu teilen.« (Latour 2006, S. 510) Latour geht also davon aus, dass soziale Prozesse praktisch hergestellt werden. Diese praktischen Herstellungsprozesse erfolgen aber nicht ausschließlich durch Menschen. Die Dinge und ihre Materialität spielen dabei eine gleichberechtigte Rolle. Latour stellt die These auf, dass sich Menschen und Dinge in einem Netzwerk vermitteln und stets so aufeinander bezogen sind, dass nicht mehr genau unterschieden werden kann, was die Menschen und was die Dinge tun. Sichtbar wird immer nur ein Netzwerk aus Aktanten – also ein Netzwerk aus einer Mischung von Akteuren und Dingen. Bruno Latour formuliert diesen Zusammenhang wie folgt: »Jede Aktivität impliziert das Prinzip der Symmetrie zwischen Menschen und Nicht-Menschen oder bietet zumindest eine widersprüchliche Mythologie an, die die einzigartige Position der Menschen anficht.« (Latour 2006, S. 513) Wie muss man sich diese Symmetrie genau vorstellen? Handelt es sich hier um Esoterik, die das Eigenleben von Dingen feiert? Nein, darum geht es Latour selbstverständlich nicht. Er befasst sich mit Einschreibetechniken, Vermittlungen und Übersetzungen von Handlungsanweisungen in Technik / Materie / Dinge und deren Rückwirkung auf uns. Wir wollen uns diesen Zusammenhang am Beispiel der Bodenwelle genauer verdeutlichen. Bruno Latour erklärt hierzu: »Die Bodenschwelle ist letztlich nicht aus Materie gemacht; sie ist voller Ingenieure, Rektoren und Gesetzgeber, die ihr Wollen und ihre Erzählungen mit denen von Kies, Beton, Farbe und Standardberechnungen mischen. Die Ver-

Abb. 9: Bodenschwelle
Foto: Gabi Blum

mittlung, die technische Übersetzung, die ich zu verstehen versuche, ruht auf dem blinden Fleck, wo Gesellschaft und ihre Materie ihre Eigenschaften austauschen.« (Latour 2006, S. 497)

Latour geht also nicht davon aus, dass Dinge, Materie oder Technik per se ein Eigenleben führen. Er will vielmehr zeigen, wie durch soziale Praktiken zwischen Mensch und Ding in einem Netzwerk von Aktanten, bestimmte Handlungen an Materialitäten abgegeben werden. Sie werden **übersetzt** in Technik, in Materie. Auf diese Weise bleiben sie aber nicht unbemerkt. Sie wirken vielmehr wieder auf soziale Handlungen zurück, schreiben sich in diese ein und verändern sie. Noch einmal zurück zur Bodenschwelle: Sie ist eine bestimmte Architektur einer Straße, die nach spezifischen Regeln angefertigt worden ist. Normen der Straßenbaubehörde, die Beschaffenheit von Beton und der Straßenlage, ästhetische Kriterien, architektonische Richtwerte, Erkenntnisse über Fahrweisen und die Führung von Pkws – all diese Regeln und Normen spielen in den Bau einer Bodenschwelle mit hinein und werden in sie übersetzt. Sie werden in Technik und Materie vermittelt. In Gestalt der Bodenschwelle wirken die solchermaßen übersetzten Regeln und Normen wieder auf das Fahrverhalten zurück. Autofahrer und die Fahrer von Bussen und Lastkraftwagen werden durch die Bodenschwelle gezwungen, ihre Geschwindigkeit zu drosseln, abzubremsen und langsamer zu fahren. Hierdurch entsteht ein Netzwerk von Mensch und Materie, von Subjekt und Objekt – es entsteht ein Netzwerk von Aktanten, die nicht mehr ohne weiteres voneinander unabhängig in den Blick genommen werden können.

Übungsvorschlag:

Beobachten Sie Personen bei der Benutzung von Treppen. Für gewöhnlich dient die Treppe als Mittler, um zwischen verschiedenen Etagen, Stockwerken, Ebenen wechseln zu können. Dies ist normalerweise kein Problem – erst im Falle von Behinderungen wird aus der Treppe ein problematisches Hindernis. Rollstuhlfahrer etwa benötigen eine Rampe, um die Treppe als Mittler zwischen verschiedenen Stockwerken benutzen zu können. Man sieht hieran, wie der Treppe als Mittler bestimmte Adressierungen eingeschrieben sind: Wer kann sie (unproblematisch) benutzen und wer nicht? Innerhalb der Soziologie haben sich einige Wissenschaftler mit solchen Fällen befasst. John Law und Ingunn Moser (2007) forschten etwa über das Verhalten von Rollstuhlfahrern im öffentlichen Raum. Sie zeigen in ihren Forschungsarbeiten die spezifische Vermittlung von Dingen und Personen. Die Treppe dient als spezifischer Mittler, ist aber nicht für alle gleichermaßen anschlussfähig.

Was haben diese Ausführungen mit Mediensoziologie zu tun (vgl. hierzu Schüttpelz 2013)? Warum sollte sich die Mediensoziologie für Bruno Latour interessieren? Schließlich behandeln seine Arbeiten vordringlich Dinge, Technik und Materie, nicht aber Medien – zumindest auf den ersten Blick.

Interessant für die Mediensoziologie ist Latour aus mindestens zwei Gründen: Medien tauchen bei Latour vor allen Dingen als Prozess auf. Mediale Prozesse sind Prozesse der Vermittlung von Netzwerken zwischen Mensch und Maschine, zwischen Subjekt und Objekt. Eine durch die Akteur-Netzwerk-Theorie informierte Mediensoziologie richtet ihren Blick auf die Übersetzungsprozesse zwischen Aktanten: Wie wird soziales Wissen innerhalb eines Netzwerks von einem Träger des Netzwerks auf einen anderen vermittelt? Dies ist eine mediensoziologische Fragestellung, die seit jeher im Zentrum der Akteur-Netzwerk-Theorie gestanden hat. Die **Praktiken der Vermittlung** können dann als mediale Praktiken in den Blick genommen werden. Man kann fragen, wie soziale Praktiken an ihre Medien gebunden sind. Und man kann weiterhin fragen, wann etwas zu einem Medium gerät und wann nicht. Als Medien können ganz unterschiedliche Akteure ausgemacht werden – technische Objekte wie auch Subjekte – schließlich lässt sich die Trennung zwischen Subjekt und Objekt mit der Akteur-Netzwerk-Theorie ohnehin nicht mehr aufrechterhalten. Aus mediensoziologischer Sicht wichtig ist aber, dass vorab nicht schon immer feststehen muss, was als Medium gilt und was nicht. Vielmehr ist dies genau der Gegenstand empirischer Untersuchungen.

Interessant an der Medialität von Übermittlungsprozessen ist ebenfalls, dass sie für den sozialen Beobachter zumeist im Dunkeln bleiben und sich damit als Black Box erweisen. Diese Black Box kann vor allen Dingen dann sichtbar werden, wenn es zu Störprozessen kommt. Ein Beispiel: In einem universitären Seminar kommen häufig Computer und Beamer zum Einsatz, um mittels Power-Point-Folien die Seminarstunde zu strukturieren. Damit vollzieht sich für gewöhnlich ein Prozess der Vermittlung zwischen Mensch (Referent) und Technik (Beamer, Computer), die für die Teilnehmer nahezu unbewusst abläuft. Das Seminar verläuft reibungslos, solange Computer und Beamer einwandfrei funktionieren. Probleme treten erst dann auf, wenn es zu einem Stromausfall kommt, wenn der Computer versagt, wenn der Beamer beschädigt ist oder wenn dem Referenten die Stimme ausbleibt, weil er Lampenfieber hat. Diese Störungen tragen dazu bei, das Netzwerk der Aktanten als solches sichtbar zu machen. Indem eines der Elemente des Netzwerks ausfällt, wird sichtbar, dass wir es überhaupt mit einem spezifischen Netzwerk an Aktanten zu tun haben und diese permanent vermittelt werden. Die Black Box des Netzwerks öffnet sich erst dann, wenn es zu Störungen kommt.

Diese Annahme der Akteur-Netzwerk-Theorie erinnert stark an den Beitrag von Sybille Krämer zur Unsichtbarkeit von Medien im praktischen Vollzug. Erst wenn es zu Störungen kommt, wird sichtbar, dass wir es mit einem Medium zu tun haben. Wir finden also in der Techniksoziologie von Bruno Latour ganz ähnliche Momente wie in der Medientheorie von Sybille Krämer. Das eine Moment könnte deshalb an das andere rückgebunden werden: Medien machen sich im praktischen Vollzug unsichtbar, man bemerkt sie erst im Störungsfall. Für Latour stellen diese Störungen eine Art »Opening the Black Box« dar – denn nun wird sichtbar, dass wir es innerhalb von Netzwerken permanent mit Vermittlungs- und Übersetzungsleistungen zu tun haben.

FAZIT

Fassen wir die bisherigen Ausführungen zusammen.

1. Alle drei hier präsentierten Positionen (Krämer, Tarde, Latour) gehen nicht unmittelbar von einem starken Medienbegriff aus, stattdessen wird die Relationalität von Medien stark gemacht: Sybille Krämer sieht Medien als Boten, als Vermittler. Für Gabriel Tarde stellen Medien Formatvorlagen bereit, an die immer wieder anders angeschlossen werden kann. Für Bruno Latour dienen Medien der Vermittlung von technischen Artefakten und Menschen als Bestandteil von Mensch-Maschine-Netzwerken zur Herstellung des Sozialen. Sie tragen dazu bei, Mensch und Maschine auf symmetrische Weise in ein Netzwerk zu integrieren.
2. Gleichzeitig fällt an allen drei Positionen auf, dass sie auf ein bestimmtes Charakteristikum von Medien, auf eine spezifische Eigenschaft von Medien aufmerksam machen: auf deren Unsichtbarkeit im praktischen Vollzug. Am stärksten vorgetragen wurde diese Position von Sybille Krämer. Aber die Beiträge von Gabriel Tarde und Bruno Latour enthalten ebenfalls diesen Aspekt. Gabriel Tarde war von schlafwandlerischen (somnambulen) Nachahmungsprozessen ausgegangen, die vor allen Dingen durch das Medium der Sprache vermittelt werden.
3. Bruno Latour beschreibt eine Art Black Box innerhalb von reibungslos laufenden Netzwerken, die sich dann öffnet, wenn es zu Störungen im Ablauf kommt. Dann wird uns bewusst, dass bei sozialen Prozessen Medien mit im Spiel sind, die unsere Praktiken aufeinander beziehen und zwischen Mensch und Materie vermitteln.

Literatur:

Tarde, Gabriel (1883/2009): Die Gesetze der Nachahmung. Frankfurt/Main, S. 81–109.

Krämer, Sybille (2008): Medium, Bote, Übertragung. Kleine Metaphysik der Medialität. Frankfurt/Main, S. 20–33.

Latour, Bruno (2006): Über technische Vermittlung: Philosophie, Soziologie und Genealogie. In: Belliger, Andréa/Krieger, David J. (Hrsg.): ANThology. Ein einführendes Handbuch zur Akteur-Netzwerk-Theorie. Bielefeld, S. 483–528.

VI. Niklas Luhmann: ein breiter Medienbegriff

LEITENDE FRAGEN:

- Welche unterschiedlichen Funktionen haben Medien?
- Warum können Medien überall auftauchen?

Niklas Luhmann (1927–1998) ist der bekannteste Vertreter der soziologischen Systemtheorie und gilt als einer der einflussreichsten Soziologen, dessen Arbeiten national und international etabliert sind. Hier ist nicht der Ort, in die Grundlagen der Systemtheorie einzuführen (vgl. Nassehi / Kneer 1997; Jahraus / Nassehi 2012). Was uns aber interessiert, ist die Frage, welchen Beitrag Luhmanns Systemtheorie für eine Mediensoziologie zu leisten vermag. Niklas Luhmann hat als einer der wenigen Soziologen eine umfassende Medientheorie vorgelegt, denn bei ihm spielen Medien nicht nur als Gegenstand der Beforschung eine zentrale Rolle. Sie tauchen vielmehr auch auf der Theorieebene auf (vgl. Müller 2012). Dass Luhmann Medien eine zentrale Rolle in seinem Werk einräumt, lässt sich an folgendem Zitat aus der Einleitung in seine Studie »Die Realität der Massenmedien« (1995) ablesen: »Alles was wir über unsere Gesellschaft, ja über die Welt, in der wir leben, wissen, wissen wir durch die Massenmedien.« (Luhmann 1995, S. 9) Anstatt sich alternativen Bereichen des Sozialen zu widmen, etwa der Religion, Bildung, kulturellen Vorstellungen, der Familie oder Politik, schreibt Luhmann den Medien die vordringliche Rolle in der Wissensvermittlung zu.

Infobox:

Niklas Luhmann (1927–1998), einer der einflussreichsten systemtheoretischen Soziologen weltweit, lehrte an der Universität Bielefeld. Medien räumt er in seinem Werk einen zentralen Stellenwert ein. Im Rahmen seines Medienbegriffs unterscheidet er zwischen Medium und Form, symbolisch generalisierten Kommunikationsmedien und Verbreitungsmedien.

Dabei geht Luhmann nicht davon aus, dass wir gegenüber den Inhalten von Medien unkritisch wären und deren Beiträge einfach übernehmen würden. Er weist vielmehr darauf hin, dass Massenmedien zwar Wissen verbreiten und auf Dauer stellen können, dass sie aber gleichzeitig Zweifel mit hervorrufen. Inhalte von Massenmedien unterliegen zumeist einem Manipulationsverdacht. Das durch die Massenmedien erlangte Wissen wird also stets mit dem »Vorzeichen des Bezweifelbaren« (Luhmann 1995, S. 9) versehen. Doch zielen Luhmanns Ausführungen zur Medientheorie nicht nur auf Massenmedien ab. Medien sind für ihn nicht nur Gegenstand der Beobachtung, sondern strukturierendes Element von Gesellschaften. Luhmanns umfassender Medienbegriff spielt sowohl für seine Kommunikations- als auch für seine Differenzierungstheorie und seine gesellschaftliche Zeitdiagnose eine entscheidende Rolle.

Beginnen wir beispielsweise mit diesem Foto einer Ausgabe der Süddeutschen Zeitung. Was könnte aus der Sicht von Niklas Luhmann an dieser hier abgebildeten Tageszeitung ein Medium sein? Sind es Schrift und Bild? Ist die Tageszeitung selbst das Medium? Oder sind es bestimmte Logiken, über die die Tageszeitung als Zeitung funktioniert? Gemäß der Luhmann'schen

Rohstoff Wissen – neue Serie zur Zukunft der Arbeit / Wirtschaft
Süddeutsche Zeitung
MÜNCHNER NEUESTE NACHRICHTEN AUS POLITIK, KULTUR, WIRTSCHAFT UND SPORT
Fernsehen
Vom Wind verwüstet
Athen verkauft Staatsanteile
Regierung privatisiert Häfen, Postbank und Telekom
Eindringlicher Appell von US-Standesorganisation
Ärzte warnen vor zu viel Medizin
Röntgenbilder, Bluttests, Antibiotika und Herzuntersuchungen sind oft überflüssig oder gar schädlich
EU erlässt Sanktionen gegen Baschar al-Assad

Abb. 10: Beispiel Tageszeitung
Foto: E. Wagner
Quelle: Süddeutsche Zeitung, 24.05.2011

Medientheorie spielen alle hier genannten Kriterien eine Rolle, wenn es um die Beschreibung von Medien geht. Niklas Luhmann präsentiert uns eine drei Ebenen umfassende Medientheorie. Wir wollen uns im weiteren Verlauf dieses Kapitels diesen unterschiedlichen Medienbegriffen nähern und kommen dabei immer wieder auf das Beispiel der Tageszeitung zurück.

Im Rahmen seines **dreistelligen Medienbegriffs** bestimmt Luhmann die Kategorien *Medium und Form*, Medien als *symbolisch generalisierte Kommunikationsmedien* oder *Erfolgsmedien*, sowie Medien als *Verbreitungsmedien*. Weshalb bietet Luhmann genau diese drei Medienbegriffe an? Dazu mehr in den nächsten Abschnitten.

1. Medium und Form

Niklas Luhmann beginnt seine Medientheorie mit dem Hinweis auf die Unwahrscheinlichkeit von Kommunikation. Er hält es für unwahrscheinlich, dass kommunizierte Inhalte bei dem Adressaten so ankommen, wie der Sender sie gemeint haben könnte. Anders gesagt fragt er sich, wie es überhaupt möglich ist, dass wir etwas Gemeintes verstehen können. Dazu Luhmann selbst: »Warum soll jemand sich überhaupt und warum gerade mit dieser bestimmten Mitteilung an bestimmte andere wenden angesichts vieler Möglichkeiten sinnvoller Beschäftigung? Schließlich: warum soll jemand seine Aufmerksamkeit auf die Mitteilung eines anderen konzentrieren, sie zu verstehen versuchen und sein Verhalten auf die mitgeteilte Information einstellen, wo er doch frei ist, all dies auch zu unterlassen?« (Luhmann 1997, S. 191)

Dass wir miteinander sprechen, um verstanden zu werden, ist ein erstaunliches Phänomen für Niklas Luhmann. Seine Frage lautet: Was wird in sozialen Prozessen für plausibel gehalten? Wovon denken Personen, dass es verstanden werden könnte? Welche Botschaften bieten Anschlussfähigkeit? Warum denkt man, dass man einem Publikum bestimmte Sätze mit relativer Sicherheit begreiflich machen kann und andere weniger? Und besonders wichtig: Wie gelingt es, Inhalte so zu kommunizieren, dass sie beim Gegenüber als verstehbare Inhalte ankommen? Die Antwort formuliert Luhmann mit Verweis auf die Medien: »Kommunikationssysteme konstituieren sich selbst mit Hilfe einer Unterscheidung von *Medium und Form.*« (Luhmann 1997, S. 195).

Wenn grundsätzlich alles Mögliche kommuniziert werden kann, muss spezifiziert und konkretisiert werden, was man in einer Situation sinnvoll sagen kann und was nicht. Nur darüber wird soziale Ordnung möglich, können sich Erwartungsstrukturen aufbauen und verbindliche Kommunikationsmuster einstellen. Medien leiten uns dabei an, Dinge verstehen zu können, die wir sonst nicht verstehen könnten.

Medien sind für Luhmann zunächst einmal nichts weiter als **lose gekoppelte Elemente**, die nur über die Formen sichtbar werden, in denen sie sich zeigen: »Ein Medium besteht in lose gekoppelten Elementen, eine Form fügt dieselben Elemente dagegen zu strikter Kopplung zusammen.« (Luhmann 1997, S. 198). Luhmann schlägt also einen vergleichsweise losen Medienbegriff vor. Nur weil Medien relativ unbestimmt sind, können sie überall funktionieren und zu unterschiedlichen Formen gebunden werden. Was ist damit gemeint?

Vergegenwärtigen wir uns die Theorie am Beispiel Licht. Licht kann in diversen sozialen Kontexten auftauchen – als Kunstwerk, wie etwa in den Arbeiten von VJ-Künstlern in Clubs und Discotheken. Licht ist aber auch ein Warnsystem im Straßenverkehr, wenn die Ampel auf Rot schaltet. Licht funktioniert zudem als religiöses Symbol, ein Beispiel ist die Opferkerze. Und Licht kann sogar als Folterinstrument benutzt werden, mittels der flackernden Neonröhre in einer Gefängniszelle. Die losen Elemente des Mediums Licht können zu unterschiedlichen Formen verdichtet und dabei für unterschiedliche soziale Kommunikationsmuster anschlussfähig gemacht werden: buntes Licht in der Kunst, rotes Licht im Straßenverkehr, Kerzenlicht in der Religion etc. Damit funktioniert Licht als Medium in unterschiedlichen Bereichen – aber immer wieder anders.

Ein weiteres Beispiel ist die Sprache, die alle möglichen Formen annehmen kann: französisch, englisch, italienisch, deutsch, japanisch. Damit wir sie als Sprache verstehen, müssen die Wörter eine spezifische Bedeutung haben und sich zu spezifischen, für uns sinnhaltigen Formen zusammensetzen: grammatikalisch geformte Sätze, an die wir anschließen können – entweder mit Ja oder Nein. Erst über die Form der Grammatik wird Sprache als Medium sichtbar und verstehbar. Wir können im Zweifelsfall zwar verstehen, dass es sich um eine Sprache handelt – auch dann, wenn wir sie nicht selbst sprechen. Wir können sie aber erst als Sprache verstehen, wenn wir ihre spezifischen grammatikalischen Strukturen erkennen und nachvollziehen können.

Luhmann geht davon aus, dass wir uns Medien nur über ihre Formen vergegenwärtigen können: »Schließlich ist zu beachten, daß nicht das mediale Substrat, sondern nur die Formen im System operativ anschlussfähig sind. Mit den formlosen, lose gekoppelten Elementen kann das System nichts anfangen. Das gilt bereits für die Wahrnehmungsmedien. Man sieht nicht das Licht, sondern die Dinge, und wenn man Licht sieht, dann an der Form der Dinge. Man hört nicht die Luft, sondern Geräusche (…). Dasselbe gilt für die Kommunikationsmedien. Auch hier bilden (…) nicht schon Worte, sondern erst Sätze einen Sinn, der in der Kommunikation prozessiert werden kann.« (Luhmann 1997, S. 201) Dieses komplexe Zitat meint zunächst schlicht Folgendes: Das Medium wird nur über die Formen sichtbar, in denen es auftritt.

Vergegenwärtigen wir uns die Unterscheidung von Medium und Form am Beispiel der Tageszeitung: Woran können wir hier Medium und Form unterscheiden? Die Zeitung wird als Medium nur sichtbar, weil sie unterschiedliche Medien zu spezifischen Formen verdichten kann. Das Papier ist auf eine spezifische Weise geformt, die Druckerschwärze muss so in Form gebracht werden, dass wir Buchstaben erkennen können. Die Farben müssen so gedruckt werden, dass wir sie als Bild oder als Schrift erkennen können. Schließlich wird nicht irgendein Buchstabensalat gedruckt, sondern grammatikalisch geordnete Sätze, die das Lektorat der Zeitung in eine Ordnung gebracht hat. Die verwendeten medialen Elemente (Wörter, Druckerschwärze, Farbe) werden dabei nur über ihre Formen (Grammatik, Kontraste) sichtbar.

2. Symbolisch generalisierte Kommunikationsmedien

Kommen wir zu Luhmanns zweiter Unterscheidung in Bezug auf den Medienbegriff: symbolisch generalisierte Kommunikationsmedien bzw. Erfolgsmedien. Was hat es hiermit auf sich? Die Notwendigkeit von symbolisch generalisierten Kommunikationsmedien entsteht dann, wenn Sozialformen nicht mehr nur aus Interaktionen unter Anwesenden bestehen. Wenn es also nicht nur Anwesenheit von Bekannten gibt, sondern auch unbekannte Situationen und die Möglichkeit von Fremdheit. Dann wird es nötig, Erwartungsstrukturen aufzubauen, die Verhalten und Erwartungen auf abstrakterem Niveau stabilisieren können. Besteht eine Sozialform nur aus Bekannten, etwa einer Dorfgemeinschaft und Clans, so können Erwartungen an den Anderen jeweils ohne Abstraktionsleistung miteinander und im direkten Austausch ausgehandelt werden.. In modernen Gesellschaften werden solche Aushandlungsprozesse zum Problem: Hier begegnen sich zunehmend auch Fremde in für sie fremden Situationen, etwa als Passanten in einer Fußgängerzone. Trotzdem wissen sie, wie sie sich bei der Begegnung mit Fremden verhalten sollen. So ist es erwartbar, dass sich Fremde in einer Großstadt nicht grüßen. Wer etwa über den Marienplatz in München läuft, um Einkäufe zu tätigen, geht nicht davon aus, dass er jedem, den er dort trifft, einen guten Tag wünschen muss. Gleichzeitig besteht auch keine Fremdheitserfahrung: Wir haben keine Angst vor den Passanten auf dem Marienplatz, laufen also nicht vor ihnen weg oder verstecken uns, sondern wir ignorieren sie einfach, gehen an ihnen vorbei, ohne ihnen (im Regelfall) große Aufmerksamkeit zu schenken. Oder nehmen wir ein anderes Beispiel: der Einkauf in einer Bäckerei. Wir beginnen bei einer solchen Gelegenheit nicht, darüber zu verhandeln, wie die Einkaufssituation nun ablaufen soll, dass wir Geld in der Tasche haben, mit dem wir für Brot bezahlen wollen. Wir müssen diesen Tauschprozess nicht extra erklären – er läuft quasi wie von selbst ab, orientiert an eingespielten Erwartungsstrukturen und Interaktionsroutinen.

Wie kann man das Verstehen von Erwartungsstrukturen und Situationen unter Fremden gewährleisten? Luhmann erklärt dies, indem er auf den Einsatz von symbolisch generalisierten Kommunikationsmedien verweist: »Symbolisch generalisierte Kommunikationsmedien leisten eine neuartige Verknüpfung von Konditionierung und Motivation. Sie stellen die Kommunikation in jeweils ihrem Medienbereich, zum Beispiel in der Geldwirtschaft oder dem Machtgebrauch in politischen Ämtern, auf bestimmte Bedingungen ein, die die Chancen der Annahme auch im Falle von ›unbequemen‹ Kommunikationen erhöhen.« (Luhmann 1997, S. 204) Luhmann meint Folgendes: Symbolisch generalisierte Kommunikationsmedien sind Medien, die Situationen im Sinne von Logiken strukturieren. Diese Logiken ermöglichen eine Orientierung selbst in unbekannten und fremden in Situationen. Sie sichern also den Erfolg von Kommunikationen – auch dann, wenn dieser höchst unwahrscheinlich erscheint. Luhmann spricht deshalb mit Bezug auf symbolisch generalisierte Kommunikationsmedien auch von Erfolgsmedien, die die Anschlussfähigkeit von Kommunikationen, das Verstehen von Kommunikationsangeboten sichern können. Zu diesen Erfolgsmedien (oder symbolisch generalisierten Kommunikationsmedien) zählen laut Luhmann **Geld** innerhalb der Wirtschaft, **Macht** innerhalb der Politik, **Wahrheit** innerhalb der Wissenschaft, **Liebe** innerhalb von Intimbeziehungen oder **Kunst** innerhalb des Kunstsystems.

Übungsbeispiel:

Versuchen Sie einmal, in Gedanken symbolisch generalisierte Kommunikationsmedien gegeneinander auszutauschen. Sie werden schnell merken, wie stark soziale Situationen durch symbolisch generalisierte Kommunikationsmedien strukturiert sind. Wer etwa beim Bäcker befiehlt (Medium: Macht), eine Breze ausgehändigt zu bekommen, wird zunächst zumindest verwunderte Blicke ernten. Das Gleiche würde passieren, wenn man versuchte, den Brezenkauf durch Liebeskommunikation in Gang zu setzen. In der Soziologie bezeichnet man diese Herangehensweise als Krisenexperiment. Solche wurden erstmals von Harold Garfinkel (1967) durchgeführt, um herauszufinden, wie Routinen funktionieren.

Verdeutlichen wir uns diese theoretische Annahmen einmal am Beispiel der Ökonomie: Man braucht die Geldwirtschaft, wenn der Handel so ausgeweitet wird, dass mit rein materialen Tauschgeschäften (etwa: Kuh gegen Schaf bzw. wir ernähren uns vom eigenen Acker) nicht mehr effizient gewirtschaftet werden kann. Geld ist nun ein Kommunikationsmedium, das die losen Elemente von Leichtmetall oder Papier zu bestimmten Formen zusammenführt: Euro, D-Mark, Dollar. Dass überhaupt die Idee des Zahlens und Nicht-Zahlens plausibel wird, liegt an dem symbolisch generalisierten Kommunikationsmedien der Geldwirtschaft, also im Falle der Ökonomie am Geld. An das Geld bindet sich der Schematismus, die Logik des Zahlens oder Nicht-Zahlens. Wir wissen stets: Wenn wir an der Ökonomie teilnehmen wollen, müssen wir im Regelfall bezahlen. Wer in der Bäckerei eine Breze haben will, kann sie nicht gegen einen Stift oder gegen freundliche Worte tauschen, sondern muss sich auf das symbolisch generalisierte Kommunikationsmedium Geld (Zahlen / Nicht-Zahlen) einlassen, um am Handel teilnehmen zu können – um also die Breze käuflich zu erwerben. Dass man auch stehlen oder etwa öffentliche Busse ohne Fahrschein benutzen kann, bestätigt die mediale Strukturierung von Situationen nur noch mehr. Der Diebstahl ist sozusagen die dunkle Seite des Tausches, der Gebrauch des Mediums Geld der Normalfall.

Symbolisch generalisierte Kommunikationsmedien strukturieren soziale Situationen. Sie helfen Erwartungsstrukturen aufzubauen, die im Sinne von Logiken (Luhmann spricht hier von Systemen) funktionieren. Über sie werden bestimmte Situationen als solche strukturiert. Dabei bestehen unterschiedliche Logiken oder eben unterschiedliche symbolisch generalisierte Kommunikationsmedien und zwar gleichzeitig nebeneinander.

So besteht neben der Ökonomie die Wissenschaft, die sich am Medium der Wahrheit orientiert: Was als wahr gilt und was nicht, wird in der modernen Gesellschaft nicht länger durch die Religion bestimmt, etwa in dem Sinne: »Das war schon immer so, weil es Gott so gewollt hat.« In der Moderne muss die Gesellschaft selbst herausfinden, was für sie als Wahrheit gilt und was nicht. Hilfestellung bietet die moderne Wissenschaft, die nach bestimmten – wissenschaftlichen – Kriterien Wahrheitswerte hervorbringt. Wissenschaft operiert mit Hilfe des symbolisch generalisierten Kommunikationsmediums der Wahrheit. Über dieses Medium werden Kommunikationen als wissenschaftliche Kommunikationen verstehbar. Genau über das Medium der Wahrheit versucht die Wissenschaft, Anschlusskommunikationen zu garantieren. Wir orientieren uns zum Beispiel im Rahmen dieses Einführungsbuches automatisch am Kommunikationsmedium der Wahrheit. Die Sätze, die hier zu lesen sind, gelten nicht deshalb als wissenschaftlich, weil das Buch, in dem sie stehen, käuflich erworben worden ist (Medium: Geld), sondern weil sie sich vor einem wissenschaftlichen Rahmen bewähren müssen. Sie müssen sich als wissenschaftlich wahre Sätze herauskristallisieren. Wenn es um Wahrheitsfragen geht, erkennen wir automatisch, dass es sich hierbei um wissenschaftliche Fragen handelt.

Ein weiteres Beispiel entstammt der Politik. Politische Praktiken kommen zum Tragen, wenn es darum geht Entscheidungsfragen zu legitimieren, also wenn diese von einem Kollektiv befürwortet bzw. abgelehnt werden (müssen). Die Logik des Politischen operiert im Medium der Macht: Wer kann seine Entscheidungen durchsetzen und wer nicht? Wer hat die Entscheidungsgewalt und wer nicht? Macht ist das symbolisch generalisierte Kommunikationsmedium, an dem sich das Politische orientiert und woran wir das Politische als solches erkennen.

Noch einmal zurück zur Tageszeitung. Woran werden hier symbolisch generalisierte Kommunikationsmedien sichtbar? Zunächst könnte man auf die durch die Tageszeitung produzierten Inhalte verweisen. Die Überschrift des Aufmacher-Artikels (»Ärzte warnen vor zu viel Medizin«) spricht etwa von einer bestimmten Logik – der Logik des Medizinischen. Die Logik des Medizinischen orientiert sich ihrerseits an bestimmten symbolisch generalisierten Kommunikationsmedien, nämlich an den Werten von Krankheit und Gesundheit. Sie bewegt sich also im Medium der Krankheit. Wir gehen schließlich nicht zum Arzt, wenn wir gesund sind, sondern wenn wir krank sind. Ärzte richten deshalb ihren Blick zunächst auf die Krankheit und weniger auf die Gesundheit (vgl. Luhmann 1990).

Die Tageszeitung operiert aber gleichzeitig auch innerhalb ihrer eigenen Logik. Inhalte, die in der Zeitung stehen, sind Inhalte, die sich der Logik der Massenmedien zu fügen haben. Nicht selten wundert man sich etwa darüber, dass Inhalte in der Zeitung verkürzt oder gar missverständlich dargestellt werden. Ein Grund hierfür ist der spezifische Zugriff der Tageszeitung auf Informationen. Sie orientiert sich am Wert der Aktualität und operiert im Medium der Information bzw. der Nichtinformation. Nach dieser symbolisch generalisierten Kommunikationslogik orientieren sich Massenmedien, wenn sie Informationen aussuchen und verbreiten (vgl. Lumann 1995). Was heute in den Tageszeitungen als Top-Thema verhandelt wird, ist morgen schon wieder veraltet und steht höchstwahrscheinlich nicht mehr auf der ersten Seite.

Diese über symbolisch generalisierte Medien strukturierten Logiken (Systeme) bestehen nicht nur gleichzeitig nebeneinander. Sie können sogar in einem einzigen Kontext, in einer einzigen Situation aufeinander treffen und aufeinander prallen. Man darf sich die Wirkungsweise von symbolisch generalisierten Kommunikationsmedien also nicht als Schubladen-System vorstellen, etwa in dem Sinne: Wer Wahrheit sucht, geht in die Universität; wer

Geld sucht, geht an die Börse; wer Macht sucht, geht in den Bundestag. Interessant an der Idee von symbolisch generalisierten Kommunikationsmedien ist vielmehr, dass sie situationsbedingt auftauchen und gleichzeitig nebeneinander existieren können. So kann ich etwa eine Zeitung lesen, weil ich mich informieren möchte und gleichzeitig kann ich sie als Unterrichtsmaterial für eine Vorlesung nutzen. Einmal orientiere ich mich dabei am Informationswert der Zeitung und damit am symbolisch generalisierten Kommunikationsmedium der Information. Andererseits kann ich die Zeitung auch in eine andere Lesart überführen. Hier orientiere ich mich am symbolisch generalisierten Kommunikationsmedium der (wissenschaftlichen) Wahrheit, wenn ich die Zeitung als empirisches Beispiel für die Luhmann'sche Medientheorie benutze. Der spezifische Informationsgehalt der Tageszeitung gerät angesichts dieser (wissenschaftlichen) Betrachtungsweise eher in Vergessenheit – er interessiert kaum, weil wir die Tageszeitung lediglich als Beispiel verwenden, um die Medientheorie von Niklas Luhmann besser verstehen zu können.

3. Verbreitungsmedien

Luhmann schlägt im Rahmen seiner Medientheorie noch einen dritten Begriff vor: die Verbreitungsmedien. Darunter versteht er Folgendes: »Von Verbreitungsmedien wollen wir sprechen, wenn es um die Reichweite sozialer Redundanz geht. Verbreitungsmedien bestimmen und erweitern den Empfängerkreis einer Kommunikation. In dem Maße, in dem dieselbe Information verbreitet wird, wird Information in Redundanz verwandelt.« (Luhmann 1997, S. 202) Verbreitungsmedien sind für Luhmann all jene Medien, die der Verbreitung von Informationen dienlich sind: Sprache, Schrift, Buchdruck, Fernsehen, Radio und Computer – mithin alle medialen Formen, die zu Massenkommunikation führen. Über Massenkommunikation entsteht so etwas wie ein gemeinsamer Bezugsrahmen, ein gemeinsam geteiltes Potpourri an Themen, auf die man sich beziehen und die man als bekannt voraussetzen kann. Das ist in dem hier angeführten Zitat mit Redundanz gemeint. Verbreitungsmedien stellen Informationen zur Verfügung, die dann als vertraut und bekannt vorausgesetzt werden können und eben redundant werden, wenn man sie wiederholt. So entsteht gemeinsam geteiltes Wissen, auf das aber immer unterschiedlich Bezug genommen werden kann. Verdeutlichen wir uns dies noch einmal anhand des folgenden Zitats von Luhmann zu den Verbreitungsmedien: »Ihre gesellschaftliche Primärfunktion liegt in der Beteiligung aller an einer gemeinsamen Realität oder, genauer gesagt, in der Erzeugung einer solchen Unterstellung, die dann als operative Fiktion sich aufzwingt und zur Realität wird.« (Luhmann 1975, S. 367)

Massenmedien oder, um die Luhmann'sche Begrifflichkeit zu nutzen, Verbreitungsmedien erzeugen über das Senden von Informationen so etwas wie die Vorstellung einer gemeinsam geteilten Gegenwart. Indem Informationen durch Massenmedien geschaltet werden, suggerieren sie uns, an einer gemeinsam geteilten Realität teilnehmen zu können. Dass dies nur die Fiktion einer gemeinsam geteilten Realität ist, ist für die Luhmann'sche Medientheorie ein entscheidender Hinweis. Denn wie wir oben gesehen haben, strukturieren symbolisch generalisierte Kommunikationsmedien Situationen immer unterschiedlich. Sie produzieren Logiken (Systeme), die sich nicht ohne weiteres aufeinander übertragen lassen können. Die Logik der Massenmedien ist dabei nur eine mögliche Logik neben vielen anderen. Die Logik der Massenmedien stellt ihre Sichtweise auf gegenwärtige Ereignisse aber so dar, als ob es eine für alle gleichermaßen zu erschließenden Realität gäbe. Dass dies aber nicht ohne weiteres möglich ist, hatten wir uns bereits verdeutlicht. Deshalb spricht Luhmann in Bezug auf die Realität der Massenmedien von einer fiktiven gemeinsam geteilten Realität.

Wie hat man sich dies vorzustellen? Was leisten Verbreitungsmedien? Was in der Zeitung steht, lässt sich als bekanntes Thema voraussetzen. Man kann fragen: Hast Du das gelesen? Oder sich entrüstet zeigen: Was, du hast das nicht mitbekommen? Über Verbreitungsmedien entsteht gemeinsam geteiltes Wissen – mit einem gemeinsamen thematischen Rahmen und einem gemeinsamen Zeitverständnis. Die oben angeführte Tageszeitung war einmal aktuell – heute ist es schon wieder eine andere Information, die uns beschäftigt. Durch die Taktung der Informationsvergabe entsteht ein spezifisches Zeitverständnis, das eine Gesellschaft ausmacht: eine gemeinsam geteilte Aktualität.

Dabei sind die *Themen* der Massenmedien natürlich die Themen der *Massenmedien*: Was Realität ist, wird zwar durch ihre Berichterstattung plausibilisiert. Es bestehen aber gleichzeitig noch andere Realitäten, die ebenso plausibel sind. Diese werden wiederum durch alternativen Zugriff über symbolisch generalisierte Kommunikationsmedien erzeugt. Etwa: Ein Mediziner liest den Aufmacher der Süddeutschen Zeitung (»Ärzte warnen vor zu viel Medizin«) typischerweise anders als die Mediensoziologin. Deshalb sind die unterschiedlichen Zugriffe nicht falsch, zeigen aber, dass wir uns in einer multiperspektivischen Welt bewegen.

4. Sozialer Wandel durch Medien?

Niklas Luhmann geht davon aus, dass Medien einen entscheidenden Beitrag zum Wandel von Gesellschaften leisten können, indem sie Kommunikationsweisen und damit Plausibilitäten der Wahrnehmung verändern. Damit lässt sich Luhmanns Medientheorie einerseits an die hier immer wieder besprochene These von der Generativität der Medien anschließen: Medien schleichen sich in Kommunikationspraktiken ein, vermitteln diese also nicht neutral, sondern fügen ihnen etwas hinzu und verändern sie dadurch. Als Soziologe weiß Luhmann jedoch auch, dass die Einführung eines neuen Mediums noch nicht ausreicht, um soziale Praktiken – im Sinne eines Automatismus – zu verändern. Nur weil sich mediale Bedingungen ändern, muss sich noch lange nicht die Gesellschaftsformation, in der sie entstehen, ändern. Entsprechend vorsichtig lesen sich Formulierungen Luhmanns zur These von der Generativität der Medien: »Die Hauptphasen der gesellschaftlichen Evolution, die ich als archaische Gesellschaften – Hochkulturen – Weltgesellschaft bezeichnet hatte, sind markiert durch Veränderungen in den jeweils dominierenden Kommunikationsweisen. (…) und man kann sagen, daß komplexere Gesellschaftssysteme, wie immer sie entwicklungsmäßig erreicht wurden, nicht ohne neuartige Formen der Kommunikation integriert und erhalten werden.« (Luhmann 1997, S. 357) Das Zitat besagt, dass Medien für den sozialen Wandel von Gesellschaften eine Rolle spielen können. Sie müssen dies aber nicht – vielmehr stellen sie einen Möglichkeitsraum bereit, an den soziale Aushandlungspraktiken anschließen können. Es muss sich empirisch-praktisch zeigen, welche Medien das Soziale auf eine neue Stufe heben und welche nicht. Damit distanziert sich Luhmann von einem technischen Mediendeterminismus im Sinne Friedrich Kittlers.

Trotz dieser Einschränkung geht Luhmann davon aus, dass Medienwechsel sozialen Wandel mit herbeiführen können. In seinem Werk »Die Gesellschaft der Gesellschaft« (1997) beschreibt Niklas Luhmann umfassend, wie unterschiedliche Gesellschaftsformationen auch durch Medienwechsel entstanden sind. Archaische Gesellschaften etwa sind klein, beruhen auf Anwesenheit, gemeinsamer Lebensführung und Verwandtschaft. Jeder verkehrt mit jedem, alles wird in Interaktion unter Anwesenden ausgemacht. Hochkulturen äußern sich bereits im Medium der Schrift, die von den Bedingungen der Anwesenheit befreit. Eine effiziente Verwaltung wird möglich, produziert aber auch Kontrolllücken. Es ist nicht mehr alles direkt vor Ort sichtbar und sanktionierbar. Neue Kommunikationsweisen müssen erfunden werden, die Verhaltensabstimmung unter Fremden ermöglicht: symbolisch generalisierte Kommunikationsmedien. Schließlich existieren seit dem 18. und 19. Jahrhundert weltweite Kommunikationsmöglichkeiten. Die Verkehrs- und Kommunikationserleichterungen haben das Erleben und Handeln aller Menschen zeitlich synchronisiert. Es entsteht eine Weltöffentlichkeit, die sich gemeinsam auf gleiche Sinneinheiten beziehen kann. Luhmann spricht hier auch von einer Weltgesellschaft, die sich schließlich durch neuartige mediale Bedingungen etablieren kann.

Bei dieser hier kurz skizzierten Abfolge von Gesellschaftsformationen spielen Medien durchaus eine Rolle, aber nicht im Sinne eines Automatismus. Vielmehr sind hier soziale Anschlussbedingungen zentral: Durch Medien werden soziale Praktiken neu aufeinander bezogen und können auf diese Weise transformiert werden. Insbesondere den Verbreitungsmedien kommt eine entscheidende Rolle zu, weil sie Personen auf neuartige Weise füreinander sichtbar machen und neue Anschlusskommunikationen erzeugen können.

FAZIT

Fassen wir die bisherigen Inhalte zusammen:

1. Luhmann bietet eine umfassende Medientheorie, die Medien nicht nur als Gegenstand begreift. Sie sind auch Bestandteil der Theorieebene. Luhmann präsentiert einen dreistelligen Medienbegriff: Medien als Unterscheidung von Medium und Form, symbolisch generalisierte Kommunikationsmedien (Erfolgsmedien), Verbreitungsmedien.
2. Während die Unterscheidung von Medium und Form eher medienphilosophische Implikationen aufweist, zielt die Einführung von symbolisch generalisierten Kommunikationsmedien auf die Differenzierungstheorie von Gesellschaft ab. Medien strukturieren demnach soziale Situationen so, dass sie Kommunikationen in der modernen Gesellschaft wahrscheinlicher machen können. Kommunikation unter Interaktionsteilnehmern gilt Luhmann zunächst als unwahrscheinliche Praxis.
3. Verbreitungsmedien, die Informationen auf Dauer stellen, dienen dazu, zumindest die Fiktion einer gemeinsam geteilten Realität herzustellen.

Literatur:

Luhmann, Niklas (1997): Die Gesellschaft der Gesellschaft. Frankfurt/Main, S. 190–204.

Niklas Luhmann (1975/2005): Veränderungen im System gesellschaftlicher Kommunikation und die Massenmedien. In: Ders.: Soziologische Aufklärung 3. Soziales System, Gesellschaft, Organisation. Opladen, S. 355-369.

B. Praktische Mediensoziologie

I. Ein unvermitteltes Selbst?

LEITENDE FRAGEN:

- Was haben Medien mit individuellem Bewusstsein zu tun?
- Verändert sich individuelles Bewusstsein, wenn sich Medien verändern?

Wie entsteht eine Auffassung von uns selbst als Subjekte, als authentische Sprecher, als selbstbestimmte Personen? Woher stammt die Plausibilität sich als selbstbestimmte Person, als selbstbestimmter Sprecher zu begreifen? Ergibt sich die Antwort auf diese Frage quasi von selbst, rein biologisch? Oder haben Medien und ihre sozialen Anschlüsse hieran einen entscheidenden Anteil? Entsprechende Thesen zu diesen Fragen könnten so lauten:

1. Medien vermitteln uns diese Plausibilitäten.
2. Veränderte Medien verändern die Plausibilitäten, sich selbst als Person zu beschreiben.

Mögliche soziologische Ansätze, die den Zusammenhang von Medialität und Identitätsbildung erklären können, entstammen dem Gedankengut von Georg Herbert Mead und Jürgen Habermas. Wir nähern uns beiden Autoren, indem wir eine Antwort auf die nachstehenden Fragen suchen: Wie entsteht die Vorstellung von selbstbestimmten Sprechern und wie verändert sie sich? Welche Bedeutung kommt den Medien hierbei zu?

Mit Georg Herbert Mead lässt sich erklären, auf welche Weise Identitätsbildung und Medien zusammenhängen. Mead bietet mit seinem Programm des symbolischen Interaktionismus einen aufschlussreichen Ansatz.

Mit einem Blick in die Arbeiten von Jürgen Habermas lässt sich erklären, wie veränderte mediale Bedingungen zu veränderten Selbstverständnissen von Sprechern führen. Habermas' Studie über die Genese einer bürgerlichen Öffentlichkeit beschreibt, wie sich der Zusammenhang von Medien und Identitätsbildung verändern kann.

1. George Herbert Mead: Sprachlich vermittelte Identität

George Herbert Mead (1863–1931) gilt als Begründer des symbolischen Interaktionismus. Das Programm des symbolischen Interaktionismus beschreibt, wie wir über die Aushandlung (Interaktion) von bedeutungsreichen Zeichen (signifikanten Symbolen) zu sozialen Ordnungsvorstellungen gelangen. Sprache ist von erheblicher Bedeutung für das Programm des symbolischen Interaktionismus, denn sie gilt als Träger bedeutungsreicher Zeichen. Die Sprache vermittelt uns Ordnungsvorstellungen des Sozialen und stellt Erwartungsstrukturen auf Dauer. Weshalb kommt Mead zu dieser Schlussfolgerung? Die Antwort liefert ein Zitat aus seinem Munde zur sozialen Kommunikation: »Die Bedeutung der ›Kommunikation‹ liegt in der Tatsache, daß sie eine Verhaltensweise erzeugt, in der der Organismus oder das Individuum für sich selbst ein Objekt werden kann. Diese Kommunikation diskutieren wir – nicht das Glucken der Henne gegenüber ihren Küken, das Wolfsgeheul gegenüber dem Rudel oder das Gebrüll einer Kuh, sondern Kommunikation im Sinne signifikanter Symbole, eine Kommunikation, die nicht nur an andere, sondern auch an das Subjekt selbst gerichtet ist. Insoweit diese Kommunikation Teil des Verhaltens ist, führt sie zumindest eine Identität ein.« (Mead 1934/1998, S. 181)

Der symbolische Interaktionismus rückt die **symbolische Vermittlung von Bedeutungsgehalten** ins Zentrum der Aufmerksamkeit. Bedeutungen sind nicht einfach da, sondern werden über sprachliche Symbole hergestellt. Hieran knüpfen wir mediensoziologisch an. Was Mead interessiert, ist also nicht so sehr die Lautgebung per se (das Glucken einer Henne), sondern bedeutungsreiche Zeichen – die sprachliche Kommunikation.

Infobox:

George Herbert Mead (1863–1931) gilt als Begründer des symbolischen Interaktionismus. Das Programm des symbolischen Interaktionismus beschreibt, wie wir über die Aushandlung (Interaktion) von bedeutungsreichen Zeichen (signifikanten Symbolen) zu sozialen Ordnungsvorstellungen und einer sozialen Identität gelangen.

Mead versteht das Bewusstsein des Menschen von sich selbst als evolutionäres Produkt der Auseinandersetzung des Organismus mit seiner Umwelt und nicht als Gabe, die dem Menschen einfach so gegeben wäre. Evolutionär meint hier, dass sich eine soziale Identität erst praktisch entwickeln muss. Sie ist an soziale Aushandlungsprozesse gekoppelt. Aus mediensoziologischer Perspektive ist die Wichtigkeit der **Sprache** zu betonen, die Identitäten erzeugt und Bewusstsein von sich selbst hervorruft. Nur die Sprache ermöglicht Bewusstseinsbildung und die Entstehung von selbstbewussten Sprechern innerhalb einer Sozialform.

Warum sind es gerade die bedeutungsreichen Zeichen der (gesprochenen) Sprache, die Mead als so bedeutungsvoll für die Ausbildung des menschlichen Bewusstseins erachtet? Den Zusammenhang erklärt ein weiteres Zitat: »Wir haben jedoch gesehen, daß es gewisse Gesten gibt, die den Organismus ebenso wie andere Organismen beeinflussen und daher in ihm die gleichen Reaktionen wie in den anderen auslösen können. Hier haben wir also eine Situation, in der der Einzelne in sich selbst Reaktionen auslösen und auf sie reagieren kann unter der Bedingung, daß der gesellschaftliche Reiz auf ihn die gleiche Wirkung ausübt wie auf andere. Das zum Beispiel geschieht in der Sprache; sonst würde die Sprache als signifikantes Symbol verschwinden, weil der Einzelne nicht den Sinn des von ihm Gesagten erfassen könnte.« (Mead 1934/1998, S. 187)

Bedeutungsreiche Symbole entstehen aus der Interaktion von Subjekten: Der kommunizierende und bewusst denkende Mensch nimmt wahr, dass sein Verhalten der Reiz für das Verhalten anderer ist. Dazu ein Beispiel: Dass die Professorin in der Vorlesung zu ihren Studierenden sprechen kann, ist zunächst nur möglich, weil die Annahme besteht, dass die Studierenden mit den sprachlichen Ausführungen der Professorin dasselbe verbinden wie sie selbst. Indem sich die Professorin und die Studierenden auf gemeinsame Symbole – die Sprache – beziehen, können sie ihr Verhalten gegenseitig abstimmen. Gegenseitige Verhaltensabstimmung bzw. Interaktion führt zur Herstellung von bedeutsamen, also signifikanten Symbolen, die im Sprecher die gleiche Bedeutung auslösen wie bei seinem Publikum.

Dieser Mechanismus ist für Mead vor allen Dingen über die Sprache möglich, denn nur die gesprochene Sprache können wir ebenso wahrnehmen (hören) wie unser Gegenüber. Daher können wir mit unserer gesprochenen Sprache die Reaktion des Gegenübers verbinden, der Sinn der gesprochenen Sprache liegt in der Reaktion des Anderen – die von uns verwendeten sprachlichen Symbole sind mit einer bestimmten Bedeutung versehene Symbole, die in mir die gleichen Reaktionen hervorrufen wie beim Anderen.

Zur Verdeutlichung dieser etwas abstrakten Ausführungen ein weiteres Zitat von Georg Herbert Mead: »Denken setzt immer ein Symbol voraus, das im anderen die gleiche Reaktion wie im Denkenden hervorruft. (…) Sagt eine Person etwas, so sagt sie zu sich selbst, was sie zu den anderen sagt; andernfalls wüßte sie nicht, worüber sie spricht.« (Mead 1934/1998, S. 189)

Noch einmal anders gesagt: Sprache als bedeutungsreiches Zeichensystem entsteht aus der Interaktion mit Anderen. Sprache ist deshalb ein bedeutungsreiches Zeichensystem, weil es im Sprechenden die gleichen Reaktionen auslöst, wie bei den Zuhörenden. Indem wir sprechen, können wir uns selbst hören und sehen dabei gleichzeitig, welche Reaktionen unsere gesprochenen Sätze bei unserem Gegenüber hervorrufen. Dadurch können wir verstehen, was unsere gesprochenen Sätze für den Anderen bedeuten. Wir sind nun in der Lage, unser Verhalten auf die Reaktion des Anderen abzustimmen. Und: Wir erhalten exakt durch diese Praxis Bewusstsein von uns selbst. Durch diesen Mechanismus der Sprache entsteht nicht nur die Möglichkeit der Verhaltensabstimmung, sondern auch die Möglichkeit der Ausbildung von Selbstbewusstsein.

Indem man sein Verhalten aus der Perspektive anderer kontrollieren kann, ist man aus dem Status des nur instinktmäßig handelnden Subjekts entlassen. Man kann sich selbst zum Objekt werden mittels der Sprache, man kann sich in die Lage der Anderen versetzen und hierüber sein eigenes Verhalten beurteilen.

Der Ablauf der Bewusstseinsbildung mittels sprachlicher Interaktion erfolgt in drei Schritten:

Phase I: Handlungsentwurf des Individuums (»I«)
Eine Person, ein Sprecher, beginnt, eine bestimmte Handlung auszuführen. Diese Handlung mag zunächst auf einem individuellen Impuls beruhen. Sie mag spontan sein und nicht sonderlich reflektiert. George Herbert Mead fasst diesen eher spontanen, individualistischen Anteil der Identität mit dem Begriff »*I*«. Das *I* steht für den spontanen Anteil innerhalb der eigenen Identität.

Phase II: Stellungnahme aus der Perspektive des generalisierten Anderen (»Me«)
Die Person reflektiert ihre Handlungen in Bezug auf die Umwelt: Was halten die Anderen von meinen Handlungen? Was denken die Anderen über mich, wenn ich diese oder jene Handlung ausführe? In diesem Prozess übernimmt das spontan handelnde *I* die Rolle der möglichen Anderen. Es denkt sich in die möglichen Erwartungen seines Gegenübers hinein. Damit internalisiert es den von Mead sogenannten *generalisierten Anderen*. Mead bezeichnet diesen generalisierten Anderen mit dem Begriff »*Me*«. Es kommt also in der zweiten Phase des Handelns zu einer Art Reaktionsverzögerung. Genau in diesem Moment entsteht Bewusstsein von sich selbst: Das spontan handelnde *I* versetzt sich in die möglichen Erwartungen seiner Umwelt, es übernimmt die Rolle seines Gegenübers und versucht sein Verhalten auf die möglichen Reaktionen des (generalisierten) Anderen abzustimmen.

Phase III: Stellungnahme und Entscheidung des Individuums (»Self«)
Die Person führt die Handlung durch, indem sie die Reaktionen der Umwelt mit bedenkt. Somit ist eine bewusste Handlung zum Abschluss gekommen. Indem die handelnde Person die möglichen Reaktionen der Umwelt internalisiert, entsteht ein Bewusstsein von sich selbst. Das Individuum kann nun das spontane *I* mit den generalisierten Rollen der Anderen (*Me*) in Verbindung bringen. Was hieraus entsteht, ist eine vollständige Identität, die Mead mit dem Begriff des *Self* kennzeichnet.

Dieser über Sprache vermittelte Prozess der Bewusstseinsbildung läuft manchmal stärker ab, manchmal völlig routinisiert. So sind wir in gewohnten Situationen weniger damit beschäftigt, herauszufinden, welche Reaktionen unser Verhalten in den Anderen hervorrufen wird. Wir haben die Situation – z. B. Besuch einer Vorlesung – schon öfter durchlebt und wissen bereits, wie andere hierauf reagieren. Anders als in der gewohnten Vorlesung sieht die Situation in einer Prüfung aus. Der Prüfling versucht in dieser ungewohnten Situation beständig, sein Verhalten auf die möglichen Reaktionen des Prüfers abzustimmen, etwa in diesem Sinne: Passt die Antwort zur gestellten Frage? Was will der Prüfer genau wissen? Worauf will er hinaus? Die Bewusstseinsleistung ist hier vergleichsweise höher sein als in einer bekannten Alltagssituation.

Halten wir bis hierher fest:
Der symbolische Interaktionismus besagt, dass die Bedeutung von sozialen Objekten, Situationen und sozialen Beziehungen im symbolisch vermittelten Prozess der Kommunikation hervorgebracht wird. Sprachliche Symbole dienen der Verhaltensabstimmung und der Bewusstseinsbildung und damit gleichermaßen der Ausbildung von sozialen Identitäten. Eine soziale Identität ist nicht einfach qua Geburt gegeben, sondern muss erst hergestellt werden. Sprachliche Zeichen im Sinne von bedeutungsreichen Symbolen spielen hierbei eine entscheidende Rolle. Sie vermitteln Rollenvorstellungen der Gesellschaft, auf die wir unsere individuellen Handlungsimpulse abstimmen können. Durch die gesprochene Sprache können wir nicht nur anderen vermitteln, was wir denken und tun (wollen). Wir können auch gleichzeitig selbst hören, was wir anderen sagen und uns dabei selbst wahrnehmen. Indem wir uns selbst wahrnehmen, wie wir mit anderen kommunizieren, können wir die möglichen Reaktionen der Anderen in uns aufnehmen und unser Verhalten auf dasjenige unseres Gegenübers abstimmen. Hierdurch entsteht erst Bewusstsein von uns selbst, so die These von George Herbert Mead. Im weiteren Verlauf bildet sich eine soziale Identität heraus, die über das Medium der Sprache vermittelt wird.

Die Erkenntnisse von George Herbert Mead leisten einen entscheidenden Beitrag für eine mediensoziologische Perspektive. Denn dank ihm wissen wir, dass sich die Entstehung einer sozialen Identität auch den Medien verdankt, die wir benutzen. Daraus ergeben sich weitere Fragen: Was geschieht mit der sozialen Identität, wenn nicht nur Sprache eine Rolle spielt, sondern auch andere Medien relevant werden? Heutzutage haben wir es schließlich nicht nur mit gesprochener Sprache zu tun, über die soziale Identitäten vermittelt werden. Briefe werden geschrieben, Telefonate geführt, E-Mails verfasst und einen Großteil des Tages verbringen wir im Internet, um dort mit Freunden oder Geschäftspartnern zu kommunizieren. Zu fragen wäre also, wie sich diese Medien auf soziale Identitäten auswirken. Ein entscheidender Unterschied zur Identitätsvermittlung über gesprochene Sprache könnte sein, dass wir es bei modernen Medien meistens mit solchen Formaten zu tun haben, die auf Fremdheit basieren: Wir können die Rollenerwartungen unseres Gegenübers nicht mittels Interaktion unter Anwesenden abstimmen, sondern müssen dies schriftlich vornehmen. Welche Folgen hat dies für die Herstellung sozialer Identitäten? Was verändert sich an dem symbolisch vermittelten Aushandlungsprozess, wenn sich die medialen Formate ändern, in denen diese Symbole vermittelt werden? Anders gefragt: Inwiefern verändert sich der symbolische Interaktionismus, wenn nicht nur gesprochene Sprache, sondern moderne Medien zum Einsatz kommen? Antworten hierauf sollen die Arbeiten von Jürgen Habermas geben. Habermas beschreibt in seiner Schrift »Strukturwandel der Öffentlichkeit« (1963), wie durch das Schreiben von Briefen bürgerliche Identität entsteht.

2. Jürgen Habermas: Entstehung bürgerlicher Identität durch die Briefkultur

Jürgen Habermas gilt als Vertreter der Frankfurter Schule und sozialphilosophischer Nachfahre von Max Horkheimer und Theodor W. Adorno. Sein thematischer Fokus richtet sich auf die Entstehung von kritischen Öffentlichkeiten. Ein weiterer Aspekt, den Habermas in seiner breit angelegten Gesellschaftstheorie verhandelt ist die Entstehung von bürgerlichen Sprechern sowie bürgerlichen Identitätsformen über Medien.

Zunächst noch einmal zurück zu den Einsichten aus den vorherigen Kapiteln: Medien sind nicht nur neutrale Mittler von Botschaften, sondern verändern deren Gehalt. Sie schleichen sich in den Prozess der Vermittlung von Botschaften ein und transformieren diese auf eigentümliche Weise. Was bedeutet dies im Hinblick auf die Erkenntnisse von Georg Herbert Mead? Wenn die interaktionistische Vermittlung sprachlicher Symbole dazu dient,

Bewusstsein von sich selbst herzustellen, also selbstbewusste Personen bzw. Sprecher oder soziale Identitäten auszubilden, wie verändert sich dieser Prozess, wenn sich die medialen Bedingungen verändern? Schließlich geht es nicht nur bei der gesprochenen Sprache um signifikante Symbole. In modernen Gesellschaften existieren ganz unterschiedliche mediale Bedingungen, wenn es um die Vermittlung von signifikanten Symbolen geht. Diese Fragestellung wollen wir mit Hilfe von Jürgen Habermas' Theorie beantworten.

Dazu ist zunächst ein kleiner Umweg nötig. Blicken wir darauf, wie Habermas sich die Entstehung einer kritischen Öffentlichkeit vorstellt. Dazu ein Zitat: »In der Sphäre der kleinfamilialen Intimität verstehen die Privatleute sich als unabhängig auch noch von der privaten Sphäre ihrer wirtschaftlichen Tätigkeit – eben als Menschen, die zueinander in ›rein menschliche‹ Beziehung treten können; deren literarische Form ist damals der Briefwechsel. Das 18. Jahrhundert wird nicht zufällig zu einem des Briefes; Briefe schreibend entfaltet sich das Individuum in seiner Subjektivität.« (Habermas 1962/1990, S. 113)

Habermas beschreibt, dass sich eine moderne Öffentlichkeit im 17. und 18. Jahrhundert aus der Privatsphäre heraus entwickelt. In den Salons der frühen bürgerlichen Gesellschaft wird über Literatur diskutiert. In Briefen

Abb. 11: Schreibendes bürgerliches Individuum
Foto: Gabi Blum

tauscht man sich über den gelesenen Roman aus. Dadurch entsteht das, was man in der Literatur »bürgerliche Empfindsamkeit« nennt – eine neue Form von Identität wird über die literarischen Formen des Briefwechsels, des Tagebuchs und des Romanlesens ermöglicht: die Identität des Bürgers. Diese bürgerliche Identität ist an eine bestimmte Emotionalität gekoppelt, sowie an Selbstbestimmung und Autonomie.

Mediensoziologisch betrachtet heißt all dies: Der von Mead beschriebene Prozess der Identitätsfindung über signifikante Symbole erfolgt nicht immer gleich. Er ist abhängig von den spezifischen medialen Formen, die zur Verfügung stehen, und er erzeugt spezifische Identitäten. Habermas lenkt den Fokus auf die Identität des bürgerlich empfindsamen Subjekts, das über die Briefform, den Briefroman und das Tagebuch entsteht.

Dazu Habermas selbst in einem etwas längeren Zitat: »Im Zeitalter der Empfindsamkeit sind Briefe Behälter für die ›Ergießung der Herzen‹ eher als für ›kalte Nachrichten‹ (...). Briefe wollen mit Herzblut geschrieben, wollen geradezu geweint sein. Das psychologische Interesse wächst von Anbeginn in der doppelten Beziehung auf sich selbst und auf den anderen: Selbstbeobachtung geht eine neugierige teils, teils mitfühlende Verbindung ein mit den seelischen Regungen des anderen Ichs. Das Tagebuch wird zu einem an den Absender adressierten Brief; die Ich-Erzählung das an fremde Empfänger adressierte Selbstgespräch; gleichermaßen Experimente mit der in den kleinfamilial-intimen Beziehungen entdeckten Subjektivität.« (Habermas 1962/1990, S. 113f)

Was Mead anhand von Interaktionssituationen demonstriert, wird bei Habermas zeitdiagnostisch gedeutet: Die Aushandlung von Identitäten über symbolische Formen – wie hier der Brief – findet nicht immer gleich statt, sondern ändert sich je nach der medialen Form, die zum Einsatz kommt. Der Brief und der Briefroman sorgen laut Habermas dafür, dass so etwas entsteht wie ein bürgerliches Subjekt, ausgestattet mit einer empfindsamen Seele. Das Medium des Briefes und das Medium des Tagebuchs sorgen für eine andere Identitätsbildung als noch im vorbürgerlichen Zeitalter. Neue Kommunikationsweisen werden erfunden, neue Arten der Bezugnahme aufeinander eingeführt – das verändert das Selbstbild und damit die Praxis einer ganzen Gesellschaft.

Diese typische Form der symbolisch vermittelten Handlung des Bürgertums führt nicht nur zur Ausbildung eines empfindsamen Subjekts mit privaten Gefühlen. Habermas These ist, dass die Eigenschaften des privaten Subjekts über den Lesesalon hinaus auf andere Bereiche des Sozialen übertragen werden, vor allen Dingen auf den Bereich des Politischen: »Der Prozeß, in dem die obrigkeitlich reglementierte Öffentlichkeit vom Publikum der räsonierenden Privatleute angeeignet und als eine Sphäre der Kritik an der öffentlichen Gewalt etabliert wird, vollzieht sich als Umfunktionierung der schon mit Einrichtungen des Publikums und Plattformen der Diskussion ausgestatteten literarischen Öffentlichkeit. Durch diese vermittelt, geht der Erfahrungszusammenhang der publikumsbezogenen Privatheit auch in die politische Öffentlichkeit ein.« (Habermas 1962/1990, S. 116)

Die Bürger lernen, ihre Gefühle vor einem Publikum zu erörtern und zur Diskussion zu stellen. Vor einem Publikum im bürgerlichen Salon kann über Leseeindrücke gestritten werden. Diese beiden Fähigkeiten werden auf den Bereich des Politischen übertragen. Einerseits tritt der Bürger im öffentlichen Diskurs als Mensch, als Zivilbürger auf, der zum Gefühl der Humanität fähig ist. Andererseits ist der Bürger jemand, der Argumente vorbringen und als Privatperson die Sphäre des Politischen kritisieren kann. Vermittelt über die literarische Erfahrung entsteht eine politische Öffentlichkeit, eine kritische Zivilgesellschaft, folgt man Jürgen Habermas.

Die über die Medien der bürgerlichen Welt (Buch, Brief, Tagebuch) generierten bürgerlichen Sprecher produzieren eine ganz eigene Praxis und damit eine eigene Gesellschaftsform. Der von Mead beschriebene symbolische Interaktionismus lässt sich hier zeitdiagnostisch wenden: So finden Aushandlungsprozesse über signifikante Symbole statt. Diese sind aber über bestimmte mediale Formen vermittelt und erzeugen spezifische Identitäten. Es entstehen eine spezifische Autorschaft sowie spezifische Sprecherpositionen, außerdem eine spezifische Praxis des Sozialen, die an diese Autorschaft gebunden ist: eine vorher nicht dagewesene politische Öffentlichkeit der Zivilgesellschaft. Anders gesagt: Bürgerliche Öffentlichkeit mit ihren kritischen Sprechern wird erst über den Einsatz bürgerlicher Medien möglich. Habermas fasst diesen gegenseitigen Bezug in folgende Worte: »Die politische Aufgabe bürgerliche Öffentlichkeit ist die Regelung der Zivilsozietät (…) mit den Erfahrungen einer intimisierten Privatsphäre gleichsam im Rücken, bietet sie der etablierten monarchischen Autorität die Stirn.« (Habermas 1962/1990, S. 116)

Übungsvorschlag:

Überlegen Sie, wie durch neuartige mediale Formate soziale Identitäten transformiert werden. Beispiele hierfür sind Twitter, YouTube oder Facebook. Wie wird durch diese medialen Formate soziale Identität verändert? In der Soziologie wurden solche Fragestellungen insbesondere an historischen Beispielen von Medien verhandelt. Alois Hahn (1982) hat etwa beschrieben, wie durch die Praxis des Beichtens eine bürgerliche Identität entstanden ist. Norbert Elias (1939) zeigt anhand des Schneuztuches, wie Prozesse der Zivilisation und damit neue soziale Identitäten in die Gesellschaft eingeführt wurden. Sowohl der Beichtstuhl als auch das Schneuztuch können vor diesem Hintergrund als Medien begriffen werden, die uns soziale Identität vermitteln. Zu fragen wäre mediensoziologisch, wie heutzutage Personen über neuartige mediale Formate aufeinander bezogen werden? Wie realisieren sich auf diesem Wege Rollenübernahmen und die Abstimmung von Erwartungshaltungen?

FAZIT

Fassen wir die bisherigen Ausführungen zusammen:

1. George Herbert Mead zeigte, dass durch mediale Vermittlung die Ausbildung von sozialen Identitäten erfolgt. Sprache als Träger symbolisch signifikanter Zeichen spielte hierbei eine entscheidende Rolle.
2. Laut Jürgen Habermas verläuft diese mediale Vermittlung nicht immer gleich, sondern ist abhängig von ihren medialen Formaten. Sprache ist nur ein mögliches Mittel. Wir können also empirisch beobachten, dass Medien unsere Selbstdarstellung und Identität verändert haben.

Literatur:

Mead, George H. (1934/1998): Geist, Identität und Gesellschaft. Frankfurt/Main, S. 177–230.

Habermas, Jürgen (1962/1990): Die bürgerliche Familie und die Institutionalisierung einer publikumsbezogenen Privatheit. In: Ders: Strukturwandel der Öffentlichkeit. Frankfurt/Main, S. 107–121.

II. Authentische Gefühle?

LEITENDE FRAGEN:

- Was hat das Gefühl der Liebe mit Medien zu tun?
- Verändert das Internet die Liebe?

Inwiefern wird die These von der Generativität der Medien, die wir immer wieder im Laufe dieses Buches aufgegriffen haben, empirisch-praktisch für die Soziologie sichtbar? An welchen sozialen Praktiken lässt sich zeigen, dass Medien ihren Gegenstand nicht einfach neutral vermitteln, sondern diesen mit prägen und verändern? Inwiefern kann man davon ausgehen, dass Medien soziale Praktiken nicht nur beeinflussen, sondern sogar hervorbringen? All dies wollen wir im Folgenden am Beispiel der Liebe diskutieren, konkreter an der Entstehung der romantischen Liebe als Kommunikationsmuster. Es geht um die Frage, was dies mit Medien zu tun hat. Auf der Suche nach Antworten orientieren wir uns an den Arbeiten von Niklas Luhmann und Eva Illouz.

Niklas Luhmann (s. Kap. A VI) nähert sich dem Thema naturgemäß aus systemtheoretischer Sicht. Er geht davon aus, dass Liebe ein symbolisch generalisiertes Kommunikationsmedium ist – also hat die Kommunikation von Liebe für Luhmann unmittelbar etwas mit Medien zu tun.

Eva Illouz nähert sich der Liebe aus einer kritischen sozialwissenschaftlichen Perspektive. In ihren Studien kommt sie zu dem Schluss, dass veränderte mediale Bedingungen, Stichwort Internet, eine Bedrohung der romantischen Liebe darstellen.

1. Niklas Luhmann: Roman und romantische Liebe

Medien, wir erinnern uns, gelten Luhmann als lose gekoppelte Elemente, die sich zu unterschiedlichen Formen verdichten können und müssen, wenn sie Kommunikationsweisen anschlussfähig machen wollen. Verbreitungsmedien sind für Luhmann die Träger von Massenkommunikation: Schrift, Buch, elektronische Medien. Sie zeichnen sich Luhmann zufolge dadurch aus, dass sie die Vorstellung einer gemeinsam geteilten Realität herstellen können.

Luhmann führt schließlich symbolisch generalisierte Kommunikationsmedien ein. Diese organisieren Kommunikationsweisen und machen ihre Annahme durch einen Adressaten dadurch wahrscheinlicher. Eben solch ein **symbolisch generalisiertes Kommunikationsmedium** ist für Luhmann die Liebe.

Die Frage, die Luhmann im Zusammenhang mit der Liebe interessiert, lautet: An welchen Kommunikationspraktiken erkennen wir, dass es sich um Liebe handelt? Was muss man kommunikativ tun, um Liebe zum Thema zu machen? Luhmann führt dazu folgendes aus: »In diesem Sinne ist das Medium Liebe selbst kein Gefühl, sondern ein Kommunikationscode, nach dessen Regeln man Gefühle ausdrücken, bilden, simulieren, anderen unterstellen, leugnen und sich mit all dem auf die Konsequenzen einstellen kann, die es hat, wenn entsprechende Kommunikation realisiert wird.« (Luhmann 1982/1994, S. 23) Dieser Satz meint, dass Liebe als Kommunikationsmedium uns mit Symbolen und Redeweisen versorgt, die Kommunikation wahrscheinlicher machen. Handelt es sich um Liebe, fangen wir in den seltensten Fällen an, über Geld zu reden. Etwa so: Ich bezahle Dir eine lebenslange Rente, wenn Du mich liebst. Auch politische Entscheidungsmacht und wissenschaftliche Wahrheit sind nicht dienlich, wenn über Liebe kommuniziert werden soll.

Liebeskommunikation und Liebespraktiken ergeben sich nicht quasi von selbst. Liebe als Kommunikation und als Praxis ist ein Produkt gesellschaftlicher Bedingungen. Ändern sich gesellschaftliche Bedingungen, dann ändert sich auch die Liebeskommunikation, so ließe sich eine These formulieren. Als symbolisch generalisiertes Kommunikationsmedium stellt die Liebe eine spezifische Logik des Sozialen dar und ermöglicht es damit, Kommunikationen wahrscheinlicher werden zu lassen. Das bedeutet: Der Adressat versteht leichter, dass es sich um Liebe handelt, wenn der Sender spezifische Symboliken und Muster der Kommunikation verwendet. Es fällt uns leichter, Liebe an bestimmten Symbolen und Semantiken zu erkennen, wenn diese sich als Logik des Sozialen einmal etabliert hat.

Medien im Sinne von **Verbreitungsmedien** spielen bei der Einführung und Veränderung von Liebeskommunikation eine entscheidende Rolle. Sie stellen zunächst einmal Formatvorlagen zur Verfügung, über die wir bestimmte Symbole der Liebeskommunikation lernen und uns aneignen können. Niklas Luhmann hat dies in seiner Studie »Liebe als Passion« (1982) am Beispiel von Romanen des 17. und des 18. Jahrhunderts untersucht. Wir selbst kennen aus Filmen und der Werbung eine Fülle an Formatvorlagen, die Liebe thematisieren: Romy Schneider umarmt als Sissi im weißen Kleid Kaiser Franz-Joseph (Karlheinz Böhm). Leonardo di Caprio umarmt Kate Winslet im Abendrot am Bug der Titanic. Liebespaare küssen, streiten und versöhnen sich in Fernsehserien und Kinofilmen, wie in »Die Schwarzwaldklinik«, »Pretty Woman«, »La Boum – die Fete« oder in »Brokeback Mountain«. Aus der Werbung kennen wir wiederum Bilder vom romantischen Candle-Light-Dinner und dem Abendspaziergang am Strand.

Aus mediensoziologischer Sicht stellt sich die Frage, wie sich die Liebe als romantische Liebe im Sinne eines Kommunikationsmusters plausibilisiert. Wann und warum kommt es zur Einführung der romantischen Liebe? Beantwortet man diese Frage mit Niklas Luhmann, so hat die romantische Liebe ganz eigene Symbole und Kommunikationsweisen, die es so vor dem 17./18. Jahrhundert noch nicht gegeben hat. Und sie haben aus Luhmanns Sicht etwas mit generellen gesellschaftlichen Veränderungen zu tun.

Für Luhmann ist die romantische Liebe eine Reaktion auf die Individualisierung von Personen. Weil Personen sich als selbstbestimmte Individuen beschreiben, wird es nötig, eine andere Kommunikation von Liebe einzuführen. Liebe ergibt sich nicht sozusagen von selbst, weil man einem bestimmten Stand angehört und es schicklich oder von Vorteil ist zu heiraten. Dass es sich um Liebe handelt, muss nun individuell plausibel gemacht werden. Der Einzelne will geliebt werden, bevor er sich für eine Heirat entscheidet. Auch die Individualisierung der Frauen spielt bei der Entstehung der romantischen

Abb. 12: Liebespraktiken
Foto: Gabi Blum

Liebe als Kommunikationsmedium eine Rolle. Ein Zitat kann den Zusammenhang verdeutlichen: »Die Anerkennung der Freiheit der Frau im Sich-einlassen auf Liebesbeziehungen führt zur Systematisierung des Code des amour passion. Es wird, um es in theoretische Terminologie zu bringen, in einer besonderen Interessenrichtung doppelte Kontingenz ausdifferenziert, und daraus ergibt sich die selbstreferentielle Systematisierung eines Spezialcodes für Liebe. Die Unsicherheit, die aus der doppelten Kontingenz erwächst, kann dann innerhalb dieses Codes zum Thema werden – etwa als Alternative von wahrer und falscher Liebe.« (Luhmann 1982/1994, S. 35f)

Anhand dieser Ausführungen kann man sich fragen: Was heißt doppelte Kontingenz? Der Begriff der Kontingenz meint zunächst, dass etwas auch anders sein könnte. Mit doppelter Kontingenz wird in der Soziologie eine Art Versuchsanordnung formuliert. Sie zeichnet sich durch die Annahme einer Situation aus, in der sich zwei Personen begegnen. Jede dieser Personen betrachtet den noch ungewissen Fortgang des Verhaltens der anderen Seite und macht ihr Verhalten vom Verhalten der anderen Person abhängig. Man kennt das etwa aus Situationen auf der Straße, wenn man nicht genau weiß, ob man rechts oder links am Entgegenkommenden vorbeilaufen soll. Wie lösen die Interaktionspartner das Problem, dass sie handeln müssten? Das Problem der doppelten Kontingenz ist in sozialen Situationen meist schon über bereits bestehende Verhaltenserwartungen gelöst: So wissen wir ohne Nachzudenken, dass wir an entgegenkommenden Personen rechts vorbeilaufen. Diese Verhaltenserwartungen entstehen als Lösung für das Problem, doppelte Kontingenz zu bewältigen. Was heißt das für unser Thema Liebe?

Gemäß Luhmann fand ab dem 17. Jahrhundert eine zunehmende Individualisierung des Menschen statt. Das heißt: Verhaltensweisen sind nicht immer schon qua Stand und Geburt geregelt, sondern bedürfen individueller Vereinbarungen. Auch die Liebeskommunikation reagiert auf die zunehmende gesellschaftliche Ausdifferenzierung personaler, privater Intimität. Die Situation der Liebe wird sozusagen kontingent, um mit Niklas Luhmann zu sprechen. Dass es sich um Liebe handelt, muss individuell vermittelt werden. So entsteht die romantische Liebe, die Liebe als Passion, mit speziellen Symbolen, Redeweisen und Praktiken, die das Problem lösen, trotz aller Individualisierung eine Gemeinsamkeit herzustellen.

Ein wichtiges Ergebnis von Luhmanns Studie zur Codierung von Intimität ist, dass sich die Herausbildung der spezifischen Liebeskommunikation fast ausschließlich anhand von literarischen Zeugnissen und insbesondere von Romanen rekonstruieren lässt. Der **Roman** figuriert aber, wie schon angedeutet wurde, in den soziologischen Fassungen moderner Intimität nicht lediglich als »sprachliches Zeugnis«, sondern vor allem auch als privilegierte Formvorlage für intime Kommunikation. So zeigt uns Gustave

Flauberts »Madame Bovary«, wie wir uns in Liebessituationen verhalten können, welche Symbole wir benutzen, welche Redeweise wir an den Tag legen können. Das Problem, das sich aus diesen medialen Formatvorlagen ergibt, ist nun, dass die romantische Liebeskommunikation per se vorsieht, keinen Regeln zu folgen und keine Formatvorlagen einfach zu übernehmen und zu kopieren. Liebe muss immer authentisch sein und darf sich nicht an vorgegebenen Mustern des Romans orientieren, sonst würde sie unglaubwürdig. Dazu Luhmann: »Mehr als im Bereich irgendeines anderen Kommunikationsmediums wird in der Liebessemantik die Codierung schon früh reflektiert, und zwar als direkte Folge des Buchdrucks. (…) Schon im 17. Jahrhundert weiß man: die Dame hat Romane gelesen und kennt den Code. (…) Ebenfalls gelesen hat man die Floskeln und Gesten, die zur Kunst der Verführung gehören. Man hat damit zu rechnen, daß die Damen sie durchschauen, und weiß auch, daß sie trotzdem wirken.« (Luhmann 1982/1994, S. 37)

Wer Liebe kommunizieren will, orientiert sich also durchaus an den Formatvorlagen der Medien. Wenn sie aufgegriffen werden, gilt es aber, sie so zu verwenden, dass sie nicht als schnöde Kopie sichtbar werden. Denn sonst wüsste man nicht, dass es sich um individuelle Liebesgefühle handelt. Als Folge davon kommt es zu einer seltsamen Kommunikationspraxis: Liebende können sich miteinander verständigen, ohne ein Wort zu verlieren, oder aber stundenlang über die belanglosesten Dinge miteinander sprechen. Wie Luhmann sagt: Liebe »(…) kann (…) Kommunikation unter weitgehendem Verzicht auf Kommunikation intensivieren. Sie bedient sich weitgehend indirekter Kommunikation, verläßt sich auf Vorwegnahme und Schonverstandenhaben. Sie kann durch explizite Kommunikation, durch Frage und Antwort, geradezu unangenehm berührt werden, weil damit zum Ausdruck kommt, daß etwas sich nicht von selbst versteht. Zum klassischen Code gehört denn auch die ›Augensprache‹, ebenso wie die Feststellung, daß Liebende endlos miteinander reden können, ohne sich etwas zu sagen zu haben.« (Luhmann 1982/1994, S. 29)

Was Luhmann hier relativ abstrakt ausdrückt, lässt sich an einem Beispiel aus der Literatur verdeutlichen. Schließlich sind dies auch jene Beispiele, die Luhmann als Analysematerial in seiner Studie dienen. Blicken wir also auf einen Auszug aus dem Briefroman »Die Leiden des jungen Werther«, von Johann Wolfgang von Goethe aus dem Jahre 1774. Der Briefroman gilt als besonders eindrückliches Anschauungsmaterial für Luhmanns Thesen. Denn hier zeigt sich in authentischer Form aus der Ich-Perspektive des Liebenden, wie Liebeskommunikation praktisch hergestellt werden kann. Im »Werther« trifft die Titelfigur auf Lotte: »Wir traten ans Fenster. Es donnerte abseitwärts, und der herrliche Regen säuselte auf das Land, und der erquickendste

Wohlgeruch stieg in aller Fülle einer warmen Luft zu uns auf. Sie stand auf ihren Ellenbogen gestützt, ihr Blick durchdrang die Gegend; sie sah gen Himmel und auf mich, ich sah ihr Auge tränenvoll, sie legte ihre Hand auf die meinige, und sagte – Klopstock! – Ich erinnerte mich sogleich der herrlichen Ode, die ihr in Gedanken lag, und versank in dem Strome von Empfindungen, den sie in dieser Losung über mich ausgoß. Ich ertrug's nicht, neigte mich auf ihre Hand und küßte sie unter den wonnevollsten Tränen.« (Goethe: Die Leiden des jungen Werther, 1774/1986, S. 30)

Was besagt dieses Zitat? Anstatt eigene Worte zu finden, die der andere vielleicht schon aus eigener Romanlektüre kennt, wird einfach nur ein Autor (»Klopstock«) zitiert, der ein romantisches Gedicht geschrieben hat. Was damit gesagt wird, bleibt vergleichsweise offen. Die Angesprochene kann alles Mögliche mit dem Namen Klopstock assoziieren und sich individueller dazu verhalten, als wenn ein längeres Romanzitat formuliert worden wäre.

Ein weiteres Beispiel stammt aus einem Brief Goethes an seine Brieffreundin Auguste zu Stollberg. Nachdem diese den Werther gelesen hatte, begann sie einen mehrjährigen Briefwechsel mit dem Dichter. Persönlich lernten sie sich niemals kennen. In einem Brief von Goethe an Auguste zu Stolberg findet sich eine Reihe von Gedankenstrichen. Goethe hat diese Gedankenstriche an einer Stelle in seinem Brief einfließen lassen, um sein Gefühl damit auszudrücken, das ihn überkam, als er gedankenlos im Zimmer umher sah und träumte. Um diesen emotionalen Zustand auszudrücken, reichten ihm die Wörter nicht, so Goethe. Allein die Gedankenstriche könnten eine Ahnung von seinem emotionalen Zustand vermitteln.

»---«

(Goethe, 3.8.1775)

Dieses Beispiel zeigt erneut, wie sehr Sprache sich einerseits an Formatvorlagen der authentischen, passionierten, romantischen Liebe orientiert, sich aber gleichzeitig hiervon distanziert. Die Formatvorlagen der Verbreitungsmedien (Liebesromane) spielen also eine wichtige Rolle in der Etablierung der romantische Liebe als Kommunikationsmedium.

Fassen wir zusammen: Mit der Individualisierung geht eine neue Kommunikationspraxis der Liebe einher. So entsteht im 17. und 18. Jahrhundert die romantische Liebe mit einer eigenen Symbolwelt und eigenen Praktiken und Kommunikationsweisen. Diese Praktiken und Kommunikationsweisen entwickeln sich vor dem Hintergrund der Individualisierung von Liebespartnern. Mögliche Formatvorlagen aus Liebesromanen, die zu dieser Zeit entstehen, leisten nun zweierlei:

Einerseits ermöglichen Romane, dass Liebessemantiken und Praktiken gelernt werden können. Man erfährt etwas über die romantische Liebe, wenn man »Die Leiden des jungen Werther« oder »Madame Bovary« gelesen hat. Andererseits lösen Romane nicht alle Anforderungen der Liebeskommunikation: Weil Liebe authentisch und individuell sein muss, können die Formatvorlagen aus den Romanen nicht einfach übernommen werden. Das würde die Einmaligkeit des kommunizierten Gefühls gefährden – vielleicht hat der andere den gleichen Roman gelesen und entlarvt die vermeintlich einzigartigen Sätze als Kopie. Die erfolgte Liebeserklärung erweist sich dann als falsch, weil nicht authentisch. So entstehen eigene Umgangsweisen, um das Kommunikationsproblem der Liebe handhabbar zu machen: Am ersten Beispiel geschieht dies über die Ausweisung von Zitaten (»Klopstock«). Im zweiten Beispiel geschieht dies über die Einführung von Symbolen (Gedankenstrichen), die etwas ausdrücken, ohne etwas direkt sagen zu müssen.

Dieser Zusammenhang soll noch einmal an einem längeren und aktuelleren Beispiel dargestellt werden:

Im Film »Lost in Translation« von Sofia Coppola aus dem Jahr 2003 lernen sich (die Schauspieler) Bill Muray und Scarlett Johannson kennen und werden Freunde. Dabei taucht das Thema romantische Liebe aber immer wieder relativ unbestimmt und skizzenhaft auf. Sie sitzen etwa gemeinsam in einer Karaoke-Bar, imitieren Pop-Songs, in denen es um Liebe geht, und sehen sich dabei tief in die Augen. Schon die Musik, konsumiert über das Karaoke-Format, ermöglicht eine Aneignung von romantischer Liebeskommunikation im Sinne einer Formatvorlage. Die Aneignung erfolgt dann aber vergleichsweise ironisch uber das Nachsingen der Texte. Liebe im Sinne von romantischer Liebe wird nur zwischen den Zeilen an den Blicken sichtbar, die an bestimmten Stellen der gesungenen Textzeilen ausgetauscht werden. Bereits im Film ist ein distanzierter Umgang mit Formatvorlagen sichtbar. Nur darüber wird die Liebe zur authentischen Praxis, die individuell anschlussfähig ist. Man bezieht sich auf Formatvorlagen der Medien, distanziert sich aber gleichermaßen davon, um selbst authentische Gefühle auszudrücken.

Nichts anderes passiert in einem Interview, das im Rahmen einer Doktorarbeit über Liebeskommunikation in Paarbeziehungen durchgeführt wurde (vgl. Stempfhuber 2010). »Wie habt ihr Euch kennengelernt?«, war die einleitende Frage an die Interviewpartner. Dabei wurde erstaunlicherweise auf Formatvorlagen der Medien Bezug genommen, ohne ihnen streng zu folgen:

»A: Kennst du den Film ›Lost In Translation‹? Mein Freund hat gemeint, es ist teilweise eine ähnliche Story und der hat damals den Film noch im Kino anschauen wollen, obwohl der den Film schon in Tokio mehrmals gesehen hat und hat fast die ganze Zeit im Matthäser-Kino geweint ... B: Naja, nee, eigentlich nicht und Blödsinn (...) (lacht)...« (E-L&J, 05:12)

Der Interviewausschnitt präsentiert eine Bezugnahme auf mediale Formatvorlagen und gleichzeitig eine (ironische) Distanzierung davon. Diese Kommunikation erfolgt, um dem soziologischen Interviewpartner zu signalisieren, dass es sich hier um ein Liebespaar handelt – dass es also um Liebeskommunikation geht. Damit die Liebeskommunikation aber authentisch bleibt, distanzieren sich die Interviewten gleichzeitig davon (»Naja, nee, eigentlich nicht und Blödsinn«).

Fassen wir die bisherigen Einsichten zur Medialität der Liebe zusammen:

1) Die Rede von der romantischen Liebe, von der Liebe als Passion, entsteht mit der Entwicklung von Individualisierung. Nun müssen neue Kommunikationspraktiken zwischen den Liebenden entwickelt werden. Der Hinweis auf die gemeinsame Herkunft reicht nicht aus, um Liebende zu binden. Es entstehen mit der Individualisierung mehr Freiheiten für den Einzelnen. Das führt zu einer veränderten Art der Thematisierung von Liebe.
2) Die Art der Liebeskommunikation bezieht sich im 17. und 18. Jahrhundert oft auf mediale Formatvorlagen aus Romanen. Über den Roman, so wie später über Beispiele aus dem Film, dem Fernsehen, der Werbung und der Popmusik, können Liebessemantiken – Arten der Liebeskommunikation – gelernt und angeeignet werden.
3) Jedoch dürfen diese Formatvorlagen nicht einfach kopiert werden, um die Authentizität nicht zu gefährden. Es braucht Praktiken, die einerseits auf mediale Formatvorlagen der Liebe Bezug nehmen können. Andererseits müssen sich die Akteure in ihrer Kommunikation von diesen Formatvorlagen distanzieren, um individuell und authentisch zu bleiben.

Für uns Mediensoziologen heißt dies nun: Liebe, Emotionen, das Gefühl der Intimität ist kein rein natürliches Gefühl, sondern muss sozial thematisiert werden. Diese Art der Thematisierung ist an mediale Formatvorlagen gebunden. Der Roman bot dabei offenbar mehr Möglichkeiten als das Internet. Zu diesem Schluss kommt jedenfalls Eva Illouz in ihren Studien zur Soziologie der Liebe.

2. Eva Illouz: Verlust der romantischen Liebe im Internet

Die Soziologin Eva Illouz ist mit ihrer Studie zum Thema »Konsum der Romantik« (2003) bekannt geworden. Auch sie vertritt die These, dass wir für romantische Praktiken auf mediale Vorlagen Bezug nehmen. Dabei bilden sich ihr zufolge bestimmte Liebesklassen aus. Während ungebildetere Schichten sich nicht bewusst machen können, dass sie die vergleichsweise einfachen Vorlagen der Werbung antizipieren, um Liebe zu thematisieren, können gebildetere Schichten komplexer damit umgehen und sich hierzu verhalten. Der Besuch beim Italiener, das Candle-Light-Dinner, der Abendspaziergang am Strand mag dem Großbürger peinlich sein. Bei fehlender Bildung greife man jedoch hierauf zurück, um Romantik zu zeigen und Liebe zu thematisieren, so die These von Eva Illouz. Allerdings behauptete Niklas Luhmann, dass die Bezugnahme auf mediale Formatvorlagen durchaus schichtenübergreifend angewendet wird, denn anders sei Liebe nicht sichtbar zu machen in der Kommunikation, auch und gerade wenn man sich hiervon wieder distanziert.

Für Eva Illouz ist das Internet eine mediale Instanz, die der romantischen Liebe zum Problem wird und diese zu zerstören droht. Sie meint: »Wir haben hier also einen radikalen Bruch mit der Kultur der Liebe und Romantik, die einen Großteil des 19. und 20. Jahrhunderts geprägt haben.« (Illouz 2006, S. 133)

Die Liebeskommunikation auf Datingsites, die sie in ihrer Studie aus dem Jahr 2006 untersucht hat, führen nach den Erkenntnissen von Illouz zur Standardisierung und Vermarktung von Liebe. Illouz' Argumentation zielt offenbar darauf ab, dass sich romantische Liebe vor allen Dingen in körperlichen Praktiken abbildet, die nur unter anwesenden Personen sichtbar werden kann. Ein Seitenblick, die Art wie man sich bewegt etc. machen für Eva Illouz romantische Liebe sichtbar. Romantische Liebe ist bei ihr auch *Liebe auf den ersten Blick*. Hierzu ist eine Interaktion unter Anwesenden selbstredend erforderlich.

Seit Luhmann wissen wir allerdings, dass diese spezifische Praxis der Liebe einmal über Formatvorlagen aus dem Roman gelernt worden ist. Es handelt sich bei romantischer Liebe nicht um ein natürliches Gefühl, sondern (auch) um eine spezifische Kommunikationspraxis, angeeignet über mediale Formatvorlagen.

Verdeutlichen wir uns die Argumentation von Eva Illouz anhand von Datingsiten, damit wir uns den Untersuchungsgegenstand der Soziologin besser vorstellen können: in Dating-Siten werden Personen nach bestimmten Kriterien gelistet und aufeinander bezogen. Die Selbstdarstellung erfolgt vergleichsweise standardisiert. Aus der Perspektive von Eva Illouz führen diese Versprachlichungsformen des Internets zu einer Zerstörung der romantischen Liebe, indem sie den romantischen Code auf neuartige Weise versachlichen. Die Rating- und Bewertungspraktiken im Internet orientieren sich an den Praktiken des Ökonomischen, nicht aber an jenen der romantischen Liebe: »Die Technologie des Internets vergrößert die Instrumentalisierung romantischer Interaktionen, indem sie eine Prämie auf den ›Wert‹, den die Individuen sich selbst und anderen im Rahmen eines strukturierten Marktes zubilligen, ausschreibt. Die romantischen Beziehungen werden nicht nur im Rahmen von Märkten organisiert, sie sind selbst zu Fließbandprodukten geworden, bestimmt zu schnellem, effizientem, billigem und reichlichem Konsum. Als Konsequenz daraus wird das Vokabular der Emotionen mittlerweile fast allein vom Markt diktiert.« (Illouz 2006, S. 135) Eva Illouz kritisiert damit die standardisierten Selbstdarstellungspraktiken im Internet, wenn es um Liebe geht. Dadurch würde man sich wie auf einem Markt präsentieren, auf dem es darum geht, sich bestmöglich, ja, zu vermarkten. Mit romantischer Liebe hätte diese Praxis relativ wenig zu tun.

FAZIT

Fassen wir die Ergebnisse dieses Kapitels zusammen:

1. Luhmann begreift Liebe als Kommunikationsmedium, das sich an den medialen Formatvorlagen der Verbreitungsmedien orientiert. Als Beispiel dient ihm der Liebesroman des 17. und des 18. Jahrhunderts.
2. Das Kopieren medialer Formatvorlagen macht Liebessemantik unauthentisch. Doch sie muss individuell funktionieren und anschlussfähig sein. Deshalb erfolgt eine Bezugnahme auf mediale Formatvorlagen bei gleichzeitiger Distanzierung.
3. Auch Eva Illouz geht davon aus, dass Liebe medial geprägt ist. Sie sieht in der durch das Internet veränderten medialen Lage eine Bedrohung der romantischen Liebe. Datingsites würden zu einer neuartigen Versachlichung und Ökonomisierung der Liebe führen.

Literatur:

Luhmann, Niklas (1982/1994): Liebe als Passion. Frankfurt/Main, S. 21–40.

Illouz, Eva (2006): Gefühle in Zeiten des Kapitalismus. Frankfurt/Main, S. 115–168.

III. Medialitiät des Öffentlichen

LEITENDE FRAGEN:

- Was hat Öffentlichkeit mit Medien zu tun?
- Verändern neue Medien Öffentlichkeit?

Gegenwärtig wird öffentlich heftig darüber debattiert, was eine Öffentlichkeit sein soll und was nicht. Zum einen stellt sich die Frage, was als öffentliches Thema verhandelt werden darf und was nicht bzw. wo der Privatheitsschutz noch greift und wo nicht. Dies zeigte sich etwa in der Debatte um den ehemaligen Geheimdienstagenten Edward Snowden. Durch seine Enthüllungen erhielt die Öffentlichkeit erstmals umfassende Einblicke in Überwachungs- und Spionagepraktiken von US-Geheimdiensten. Mit Entrüstung diskutiert wurde hierzulande die Frage, inwieweit es gerechtfertigt ist, das Mobiltelefon von Bundeskanzlerin Angela Merkel abzuhören. Doch auch andere Gesichtspunkte lassen Öffentlichkeit zum Gegenstand öffentlicher Diskussionen werden – beispielsweise wenn es darum geht, inwiefern Firmen Zugriff auf Daten haben dürfen, die sie nicht nur über das Einkaufsverhalten ihrer Kunden, sondern auch über demografische Daten von Konsumenten informiert (Big Data). Und schließlich gibt es eine öffentliche Diskussion über das Internet. Mit Erschrecken wird nicht nur im Feuilleton immer wieder festgestellt, wie sehr User des Web 2.0 dazu neigen, über sich und ihre privatesten Dinge im Internet Auskunft zu geben. Urlaubsfotos, Fotos von der Familie, der eigenen Wohnung sind etwa auf Facebook für ein größeres Publikum sichtbar. Warum präsentieren so viele Menschen bereitwillig ihre Privatsphäre im öffentlichen Raum? Schließlich geht es auch um die Frage, inwiefern Texte, Bilder und Tonmaterialien noch urheberrechtlich geschützt sind. Wie lässt sich das Urheberrecht bewahren, wenn im Internet tagtäglich Inhalte geteilt und weiter verbreitet werden, ohne Eigentumsrechte zu beachten?

Vor all diesen Aspekten stellt sich die soziologische Frage, was man eigentlich unter einer Öffentlichkeit verstehen kann und was nicht? Was gehört zum privaten Bereich, was darf als öffentliches Thema verhandelt werden? Das vorliegende Kapitel nimmt diese Frage auf – und zwar unter historischem Blickwinkel. Wir werden uns zunächst mit Jürgen Habermas fragen, wie Öffentlichkeit als Sphäre der gemeinsamen Verständigung überhaupt entsteht. Seit wann gibt es öffentliche Praktiken, wie wir sie heute für normal erachten? Und welche Rolle spielen Medien bei der Herstellung von öffentlichen Praktiken? Wie schleichen sich Medien in den Vermittlungsprozess von Botschaften so ein, dass sich dabei eine spezifische Form des Öffentlichen ausbildet? Wie sorgen veränderte mediale Bedingungen für eine Transformation dieser herkömmlichen öffentlichen Praktiken? Die aktuellen Debatten verweisen uns möglicherweise darauf, dass sich die Verhältnisse von Öffentlichkeit und Privatsphäre gerade neu austarieren – und dass diese durch neuartigere mediale Bedingungen vermittelt werden.

1. Medial vermittelter Strukturwandel des Öffentlichen

Historisch lässt sich feststellen, dass die Genese von Öffentlichkeit auch an die zur Verfügung stehenden medialen Übertragungsverhältnisse gebunden war. Die griechische Unterscheidung von Oikos und Polis entwickelt sich womöglich nicht ganz zufällig zu einer Zeit, in der das griechische Alphabet entsteht. Freilich weiß die frühe Medientheorie der Toronto School, dass *Schrift* allein noch nicht ausreicht, um unterschiedliche Sichtbarkeiten so aufeinander zu beziehen, dass ein öffentlicher Diskurs im modernen Sinne entsteht. Wie Goody in seiner Untersuchung der Auswirkungen der Schrift auf die Organisation der modernen Gesellschaft bemerkt, »hat die Schrift keine unmittelbaren Konsequenzen in Bezug auf demokratische Regierungen. Es dauerte ungefähr 5000 Jahre, bis die Fähigkeit zu lesen und zu schreiben sich im gesamten Gesellschaftssystem zu verbreiten begann und zu einem Instrument der Demokratie, der Macht des Volkes und der Massen wurde.« (Goody 1986/1990, S. 202)

Öffentlichkeit im heute herkömmlichen Sinne ist eine Praxis, die wir dem Buchdruckzeitalter zu verdanken haben. Über den Buchdruck etablieren sich im 18. Jahrhundert Lesewelten, die über den *sachlichen Austausch von Argumenten* eben jene Sphäre verstetigen sollten, die uns heute als öffentliche vertraut ist. Die Praxis des Lesens und des Austauschs des Gelesenen verdeckt, wie mittels Buch, Postillen, Zeitungen und Zeitschriften eine Linearität des Denkens produziert wird, Personen neu aufeinander bezogen werden können und *Argumente* entstehen. Man produziert über den Buchdruck Publika, die sich über den Streit um bessere Gründe – begründete Meinungen – aufeinander beziehen lassen. Habermas hat dies aufgegriffen und anhand der Analyse der frühen Lesegesellschaften in England im 18. Jahrhundert Öffentlichkeit idealtypisch im Sinne eines argumentativen Streits um bessere Gründe konzipiert. Er formuliert dies auch für den deutschen Raum: »In Deutschland hat sich bis zum Ende des 18. Jahrhunderts, eine kleine, aber kritisch diskutierende Öffentlichkeit herausgebildet. Mit einem vor allem aus Stadtbürgern und Bürgerlichen zusammengesetzten, über die Gelehrtenrepublik hinausgreifenden allgemeinen Lesepublikum, das nun nicht mehr nur wenige Standardwerke immer wieder intensiv liest, sondern seine Lektüregewohnheiten auf laufende Neuerscheinungen einstellt, entsteht gleichsam aus der Mitte der Privatsphäre heraus ein relativ dichtes Netz öffentlicher Kommunikation.« (Habermas 1990, S. 3)

Mit dem Buchdruck ändert sich das Leseverhalten. Nun kann Unterschiedliches und immer wieder Neues gelesen werden – und zwar nicht nur von Gelehrten, sondern von jedermann, der lesen und schreiben kann. Was hieraus entsteht, sind bürgerliche Sprecher – mehr dazu im Kap. B I.2 Diese bürgerlichen Sprecher können im öffentlichen Diskurs auftreten, weil sie besonders autorisiert sind, dazu äußert sich auch Immanuel Kant, er spricht in seiner Schrift Was ist Aufklärung? von Öffentlichkeit als »gedankenlosen großen Haufen (…)« (Kant 1784/1999, S. 21) und formuliert, wie die öffentliche Sphäre des Bürgertums sich ausbilden kann: »Ich verstehe aber unter dem öffentlichen Gebrauche seiner eigenen Vernunft denjenigen, den jemand als Gelehrter von ihr vor dem ganzen Publikum der Leserwelt macht.« (Kant 1784/1999, S. 22) Liest man Kants Ausführungen hier empirisch, so zeigt sich, dass die bürgerliche Öffentlichkeit sogar eigene Sprecherrollen ausbildet, die die Besonderheit der öffentlichen Sphäre verdeutlichen sollen: Neben dem »Gelehrten« sind dies der Intellektuelle (Lepsius 1964), der Berufspolitiker (Weber 1919/1988) und der Journalist (Requate 1995). Das Buchdruckzeitalter produziert bürgerliche Sprecher als vorherrschendes Paradigma, das sich im Normalfall über begründete Meinungen selbst verständigt.

Die strenge Trennung von Öffentlichem und Privatem im Buchdruckzeitalter verändert sich durch neuartige Übertragungsverhältnisse. Hier ist vor allen Dingen der Film, spätestens aber das Fernsehen anzuführen. Anders als das Buch, das über geschriebene Sprache generalisierbares Wissen, lineares Denken und Argumente produziert hat, zeigen Film und Fernsehen nun Bilder, in denen längst nicht mehr nur die Sprecher bürgerlicher Öffentlichkeit auftreten können. Die Bildlichkeit des Mediums befördert womöglich eine andere Praxis als die Sprachlichkeit des Buchdrucks. So äußert sich jedenfalls Stuart Hall in seiner Auseinandersetzung mit der Aneignungsweise von Medien über das praktische Verfahren des Dekodierens: »Iconic signs are, however, particularly vulnerable to being ›read‹ as natural because visual codes of perception are very widely distributed and because this type of sign is less arbitrary than a linguistic sign (…)« (Hall 1980, S. 132). Sichtbar werden im Film und im Fernsehen jedenfalls nun die Körper der Betroffenen, deren Erlebnissen man kaum mit besseren Argumenten widersprechen kann, wie dies im Buch üblich ist. Film und Fernsehen produzieren häufig Bilder authentischer Sprecher, die nicht länger Argumente anführen müssen, um am öffentlichen Diskurs zu partizipieren. Es reicht aus, etwas erlebt zu haben. Beste Beispiele sind nicht so sehr die Reality-Shows des Privatfernsehens wie »*Bauer sucht Frau*«. Darin wird die Betroffenenkultur des Fernsehens natürlich offensichtlich. Viel spannender zu sehen ist aber, dass Formate wie die Talk-Runde etwa bei Anne Will, die eigentlich bürgerlichen Sprechern vorbehalten ist, dieses Moment aufgreifen.

Einerseits werden bei Anne Will bürgerliche Sprecher sichtbar, die besonders autorisiert sind. Andererseits, und das ist das Interessante, werden – früher noch räumlich abgegrenzt auf einem extra angeordneten Sofa, der Betroffenencouch – Laien sichtbar, die etwas erlebt haben und deshalb (authentisch) sprechen können. Eine ähnliche Entwicklung zeigt sich nicht nur anhand der Sendeformate, sondern auch vor dem Fernseher. Befördert wird durch das Fernsehen ein Publikum, das sich nicht mehr länger allein am besseren Argument bürgerlicher Sprecher orientiert, sondern am individuellen und authentischen Erleben von Unterhaltungsformaten. Die Media Studies der Cultural Studies (Fiske 1987/1994, Hall 1973/1980) haben dies gezeigt und ein verändertes Publikum sichtbar gemacht. Auch wenn sie in ihren Arbeiten die Rolle der kulturindustriell verbreiteten Produkte bei der Ausbildung von Identitäten zugegebenermaßen sehr hoch angesetzt haben, lässt sich hieran einiges lernen: An einer Untersuchung wie von Ien Ang zum Konsum von Soap Operas (Ang 1986) kann man zumindest ablesen, dass die massenme-

Abb. 13: Anne Will
Quelle: http://daserste.ndr.de/annewill/; 06.06.2011.

dial vermittelte Öffentlichkeit insbesondere durch das Fernsehen zur Produktion *authentischer Selbstbeschreibungen* führt. Damit scheint sich ein verändertes Selbstverständnis des Publikums in Vergleich mit jenem des Zeitalters des Buchdrucks eingestellt zu haben, in dem es noch vordringlich um bessere Argumente ging. Man muss diese Entwicklung nicht negativ bewerten, kann aber sehen, dass sich an dem Verhältnis des Öffentlichen und des Privaten etwas durch das Medium Fernsehen verändert hat.

Durch das Internet wird der eben skizzierte Wandel einerseits verstärkt, andererseits in eine alternative Richtung gelenkt. Soziologisch interessant in Bezug auf *virtuelle Öffentlichkeit* ist nicht nur, dass jetzt immer mehr Sprecher im öffentlichen Diskurs sichtbar werden. Es zeigt sich auch, dass hier weder Sätze gesprochen noch Argumente vorgebracht werden müssen, um als legitimer Sprecher auftreten zu können. Es reicht an bestimmten Stellen aus, Bilder, Töne und Videos (für sich) sprechen zu lassen oder Sprachfetzen vergleichbar mit SMS-Codes bzw. auf den ersten Blick unverständliche Anspielungen abzugeben, wie das folgende Beispiel zeigt.

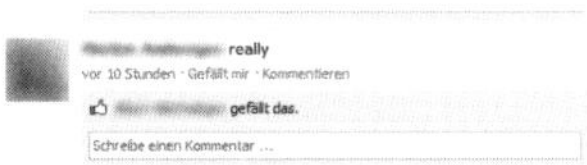

Abb. 14: Beispiel Facebook
Quelle: Facebook.de

Die Bedeutung von Zitaten und Anspielungen, von Ironisierung und Bildern rückt im Vergleich zu Argumenten und Authentifizierungen vermehrt in den Mittelpunkt. Zwar inkludiert das Internet und dessen mobile Nutzung zusehends mehr Sprecher als das Buchdruckzeitalter und das Fernsehen über die Möglichkeit der Versprachlichung im Netz – die Praxis der Versprachlichung nimmt in Onlineforen, Blogs und Social Network Sites aber oftmals den Charakter der Mündlichkeit an. Sprache dient hier nicht nur als Distributionsmedium von Information, sondern auch als Wahrnehmungsmedium. Gleichzeitig zeigt sich eine immer weitergehende thematische Ausdifferenzierung von Publika im Netz. So schlussfolgern Richard Münch und Jan Schmidt: »Im Hinblick auf politische Prozesse bedeutet dies, dass im Internet zwar Quellen der politischen Information und Foren der politischen Deliberation existieren, doch sie erreichen in der Regel nur diejenigen Personenkreise, die ohnehin ein ausgeprägtes politisches Interesse haben.« (Münch / Schmidt 2005, S. 209)

Übungsvorschlag:

Beobachten Sie einmal, wie sich am Beispiel von *YouTube* das Verhältnis von Öffentlichkeit und Privatheit vollzieht. Patricia Lange hat dies in einer Studie (Lange 2008) unternommen. Sie kommt darin auf der Grundlage von Interviews mit Nutzern zu dem Schluss, dass die User dieser Site ganz bewusst mit dem Ein- und Ausschluss von Öffentlichkeit umgehen. Eingestellte Videos werden entweder so spezifisch betitelt, dass sie nur für ein ganz bestimmtes Publikum sichtbar sind *(publicly private)*. Oder sie werden so betitelt, dass der Inhalt für ein breites Publikum zugänglich wird *(privately public)*. Damit vollzieht sich im Rahmen von *YouTube* eine ganz spezifische Praxis der Herstellung von Öffentlichkeit und Privatheit.

Öffentlichkeit zeigt sich hier im Plural im Sinne von fragmentierten Teilöffentlichkeiten, die gleichzeitig nebeneinanderher bestehen. Parallel dazu wird das Private im Internet einem immer größeren Publikum zugänglich gemacht. Anders als im Buchdruckzeitalter, das eine Asymmetrie von bürgerlichen Sprechern und der aufzuklärenden Masse propagiert und eigens hierfür Sprecherrollen ausgebildet hatte, kann nun tatsächlich jeder über alles sprechen, wenn es um Öffentlichkeit geht. Die im Buchdruckzeitalter alles dominierende bürgerliche Öffentlichkeit wird nun in eine kleine Teilöffentlichkeit verwandelt und symmetrisiert zu Publika, die als private Sprecher im Netz auftreten. Sichtbar werden nun unterschiedliche Kulturen des Sprechens oder vielmehr des Schreibens, des Bebilderns, der Vertonung, über die sich Sprecher in der Öffentlichkeit zeigen.

2. Öffentlichkeit und Privatheit als spezifische Praxis

Laut Jürgen Habermas vollzieht und etabliert sich die Praxis des Lesens und des Austauschs über das Gelesene innerhalb der privaten Sphäre des Bürgertums. Habermas legt Wert auf die Feststellung, dass Öffentlichkeit und Privatheit nicht einfach immer schon vorhanden sind, sondern aus **praktischen Herstellungsprozessen** hervorgehen. Medien spielen hierbei eine entscheidende Rolle. Dabei sind Öffentlichkeit und Privatheit streng aufeinander bezogene Praktiken.

Was ist hiermit gemeint? Seit der Erfindung des Buchdrucks standen nach und nach Bücher, Zeitungen und Zeitschriften allenthalben zur Verfügung. Das Lesen entwickelte sich zur weitverbreiteten sozialen Praxis. Was sich damals ausbildete, waren Lesegesellschaften, Clubs und Salons, in denen man sich über das Gelesene verständigte. Im Lesesalon der bürgerlichen Gesellschaft diskutieren Bürger und Bürgerinnen ihre Leseerfahrungen. Auch in Briefen geschah dieser Austausch, diese Briefe waren dann wieder Diskussionsgrundlagen in den Leseclubs. Es ist also der **private Salon des Bürgers**, in dem die Praxis eingeübt wird, Inhalte *vor einem Publikum* zu diskutieren und zu begründen. Gleichzeitig entsteht über die bürgerliche Medienwelt des Briefs, des Romans und des Tagebuchs so etwas wie ein individueller Emotionshaushalt: die *bürgerliche Empfindsamkeit* (Koschorke 1999) Ein Phänomen, das es bis dahin noch nicht gegeben hatte. Habermas erklärt: »In der Sphäre der kleinfamilialen Intimität verstehen die Privatleute sich als unabhängig auch noch von der privaten Sphäre ihrer wirtschaftlichen Tätigkeit – eben als Menschen, die zueinander in ›rein menschliche‹ Beziehungen treten können; deren literarische Form ist damals der Briefwechsel. Das 18. Jahrhundert wird nicht zufällig zu einem des Briefes; Briefe schreibend entfaltet sich das Individuum in seiner Subjektivität.« (Habermas 1963, S. 113) Dabei handelt es sich nicht um sachlich geschriebene Geschäftsbriefe, die Habermas hier ins Feld führt. Vielmehr verweisen die Briefe auf eine eher weinerlich anmutende Kultur des Mitgefühls: »Im Zeitalter der Empfindsamkeit sind Briefe Behälter für die ›Ergießung der Herzen‹ eher als für ›kalte Nachrichten‹, die, wenn sie überhaupt erwähnt werden, der Entschuldigung bedürfen. (…) Briefe wollen mit Herzblut geschrieben, wollen geradezu geweint sein.« (Habermas 1963, S. 113) Diese hier beschriebene spezifische psychische Struktur erlaubt die Entstehung von allgemeinen Werten einer menschlichen Moral und Humanität. So entstehen die Werte der Zivilgesellschaft: Freiheit, Gleichheit, Menschlichkeit.

Die Argumentation von Jürgen Habermas lehrt dreierlei: Öffentlichkeit ist eine Praxis, die sich spezifischen Herstellungsbedingungen verdankt (1). Öffentlichkeit ist stets auf Privatheit bezogen, sie entwickelt sich in den privaten Räumen der frühen bürgerlichen Gesellschaft, auf der Grundlage eines spezifischen frühbürgerlichen Emotionshaushaltes: der bürgerlichen Empfindsamkeit (2). Hieraus entstehen die Werte einer allgemeinen Humanität – die Werte der Zivilgesellschaft. Schließlich zeigt sich, dass sich die bürgerliche Öffentlichkeit spezifischen Medien verdankt (3). Briefe, Tagebücher und Romane gelten als Formatvorlagen, in denen Gefühle versprachlicht werden können. Dadurch gewinnen sie eine neue Rolle in der sozialen Vermittlung von Personen.

Sowohl die Möglichkeit, Inhalte vor einem Publikum zu begründen und nach Gründen für Inhalte zu fragen als auch die Entstehung einer spezifisch bürgerlichen Gefühlslage, über die moralische Werte der Zivilgesellschaft plausibel werden, führt schließlich zur Entstehung einer bürgerlichen Öffentlichkeit. Jürgen Habermas stellt sich diesen Entstehungsprozess als eine Art Übertragungsprozess vor: Die Praxis, nach Gründen für Inhalte zu fragen und Begründungen in einem Diskurs vor einem Publikum einzufordern, wird vom privaten Lesesalon auf Themen der Politik und der politischen Entscheidungsfindung übertragen. Plötzlich werden damit auch im öffentlichen Raum Legitimationsfragen – Fragen nach den Gründen für Entscheidungen – gestellt. Und: Die Entstehung einer bürgerlichen Empfindsamkeit führt zur Entstehung der Werte der Zivilgesellschaft, über die sich Kritik und eine kritische Öffentlichkeit ausbilden. Denn die Werte der Zivilgesellschaft können als eine Art Vergleichsschablone angeführt werden, an denen sich die damals aktuellen Zustände der Gesellschaft messen lassen. Alles was sich nicht den Werten der Zivilgesellschaft fügt, kann dann kritisiert werden – und kritisieren meint hier, nach den Gründen für die Existenz spezifischer (unmenschlicher) Zustände zu fragen. Mit dieser Entwicklung beschreibt Habermas die Entstehung einer bürgerlichen Öffentlichkeit und damit eine Art ersten Strukturwandel, der sich sozial vollzieht. Ich komme damit zu einem weiteren Aspekt in Habermas Argumentation: die spezifische Gestalt des Öffentlichen, die im Zeitalter des frühen Bürgertums entsteht, stellt sich Habermas als kritischen Diskurs vor. Diese bürgerliche Öffentlichkeit vollzieht sich in Form von begründeten Argumenten. Habermas stellt sich die bürgerliche Öffentlichkeit in Form eines Diskurses vor, an denen grundsätzlich jedermann teilnehmen können soll. Im **Diskurs** wird so lange gestritten, bis sich das beste Argument durchsetzt, dem alle Teilnehmer zustimmen können. An diese Praxis des Öffentlichen bindet Habermas ein normatives Programm, ein Moralprinzip: »Dieses (Moral-)Prinzip selbst bezieht sich (…) auf die diskursive Einlösung von normativen Geltungsansprüchen; es bindet nämlich die Gültigkeit von Normen an die Möglichkeit einer begründeten Zustimmung vonseiten aller möglicherweise Betroffenen, soweit diese *die Rolle von Argumentationsteilnehmern* übernehmen. Nach dieser Lesart ist die Klärung politischer Fragen, soweit es ihren moralischen Kern betrifft, auf die Einrichtung einer öffentlichen Argumentationspraxis angewiesen.« (Habermas 1990, S. 40)

Öffentlichkeit richtet sich bei Habermas auf Legitimationsfragen. Eine kritische Öffentlichkeit zeichnet sich dadurch aus, dass sie Begründungsfragen stellt: Warum werden bestimmte Entscheidungen so und nicht anders getroffen? Warum werden bestimmte Entscheidungen durch diese Personen getroffen und nicht durch andere? Begründungsfragen werden in einer kritischen Öffentlichkeit in einem Diskurs gestellt, an dem jedermann teilnehmen kann. Der Diskurs setzt sich dann über Argumente fort. Stets geht es um die Angabe von Gründen, die im kritischen Diskurs eingefordert wird.

Habermas geht nun davon aus, dass die Sprache nicht nur dazu beiträgt, dass wir miteinander ins Gespräch kommen. Dass wir überhaupt Sprache benutzen, ist für Habermas stets an die Annahme gekoppelt, dass mit ihr sogenannte **Geltungsansprüche** verbunden sind. Wer spricht, nimmt an, verstanden zu werden: »Verständigung wohnt als Telos der menschlichen Sprache inne.« (Habermas 1981, S. 387) Welche Voraussetzungen benötigt es, um verstanden zu werden? Sprache impliziert für Habermas einerseits, dass wir Dinge, die wir sagen, auch so meinen. Mit jedem gesagten Satz gehen wir zumindest implizit davon aus, dass die gesagten Sätze:

- sachlich richtig sind (Wahrheit),
- ernst gemeint sind (Wahrhaftigkeit)
- und in einer angemessenen Weise vorgetragen werden (Richtigkeit).

Die Möglichkeit der Lüge ergibt sich für Habermas nur aus diesen hier benannten Geltungsansprüchen, die mit der Verwendung von Sprache immer schon mitlaufen. Stellt sich heraus, dass einer der Geltungsansprüche nicht erfüllt wird, so kann man den Sprecher hierfür kritisieren und mit ihm in einen kritischen Diskurs eintreten. Werden Geltungsansprüche der **Wahrheit, Richtigkeit** und **Wahrhaftigkeit** verletzt, entsteht Kritik und eine kritische Öffentlichkeit. Es werden dann Argumente und Gegenargumente unter gleichberechtigten Sprechern ausgetauscht. Der Diskurs sorgt dafür, dass sich das beste Argument der Diskursteilnehmer durchsetzt – Habermas bezeichnet dies auch als *zwanglosen Zwang des besseren Arguments*.

Welches Problem könnte aus dieser Konzeption von Öffentlichkeit entstehen? Die Antwort auf diese Frage, lässt sich relativ leicht formulieren: Moderne Öffentlichkeit funktioniert nicht ausschließlich über Interaktion unter Anwesenden. Sie zeigt sich eher in der Gestalt eines Geistergesprächs unter Fremden: Wir lesen Bücher von Personen, die wir nie gesehen haben und wahrscheinlich auch niemals kennenlernen werden. Wir sehen Personen im Fernsehen, mit denen wir niemals sprechen und uns austauschen werden können. Ebenso verhält es sich beim Radiohören oder beim Lesen der Tageszeitung. Die einzige Ausnahme könnte das Internet sein. Bei dessen Nutzung neigen wir dazu, Personen direkt anzuschreiben und uns auf sie zu beziehen. Die fehlende Rückkoppelung von Sprecher und Publikum scheint hier unterlaufen werden zu können. Für massenmedial vermittelte Öffentlichkeiten in der modernen Gesellschaft ist dies eine Art Novum. Denn diese war bislang eher eine Praxis, in der Fremde aufeinander Bezug nehmen konnten – allerdings nicht direkt, an einem gemeinsamen Ort. Die Praxis des

Diskurses, die Habermas im Blick hat, scheint sich eher der Vorstellung von Öffentlichkeiten zu verdanken, die sich als Verfahren unter anwesenden Personen organisieren lässt – etwa: die Debatte im Bundestag, in Ausschüssen oder in Bürgerrechtsbewegungen.

Mit der Einführung großer Medienorganisationen und der Ökonomisierung von Medienbetrieben beginnt im Verlauf des 19. und des 20. Jahrhunderts eine andere Form der Berichterstattung. Dies hat zwei Konsequenzen:

1. Die neue Form der massenmedial hergestellten Öffentlichkeit setzt zunehmend weniger auf Information von kritischen Staatsbürgern der Zivilgesellschaft, sondern auf Unterhaltung eines Massenpublikums. Anstelle kritisch zu räsonieren, gehen Mediennutzer dazu über, Medienformate lediglich zu konsumieren. Ein die Kultur kritisierendes Publikum wird zu einem kulturkonsumierenden Publikum. Ein wahrhafter Austausch von Argumenten, wie Habermas ihn für den kritischen Öffentlichkeitsdiskurs vorsieht, findet so oftmals nicht mehr statt.
2. Große Medienbetriebe setzen Inhalte. Eine direkte Rückkopplung des kritischen Publikums ist nicht möglich. Dies wiederum widerspricht den Vorstellungen, die Habermas von einer diskursiven Öffentlichkeit hat, an der jedermann als gleichberechtigter Sprecher beteiligt sein soll.

Habermas beobachtet diesen Wandel kritisch: »Die durch Massenmedien zugleich vorstrukturierte und beherrschte Öffentlichkeit wuchs sich zu einer vermachteten Arena aus, in der mit Themen und Beiträgen nicht nur um Einfluß, sondern um eine in ihren strategischen Intentionen möglichst verborgene Steuerung verhaltenswirksamer Kommunikationsflüsse gerungen wird.« (Habermas 1990, S. 28)

Jürgen Habermas stellt also die Öffentlichkeit der modernen Massenmedien als eine vermachtende Instanz dar. Vermachtet wird Öffentlichkeit deshalb, weil die Institutionen und Organisationen der Massenmedien die Inhalte setzen und vorstrukturieren. Ein gleichberechtigter Diskurs findet nicht statt.

Hier zeigt sich auch der Einfluss der Kulturindustrie-These, wie sie Theodor W. Adorno und Max Horkheimer formuliert haben: Die verborgene Steuerung verhaltenswirksamer Kommunikationsflüsse wird in einer Art zweitem Strukturwandel des Öffentlichen zum Thema gemacht. Den ersten Strukturwandel hatte Jürgen Habermas mit der Entstehung der bürgerlichen Öffentlichkeit festgemacht. Alles was daraus resultiert, haben wir in den vorangegangenen Abschnitten erörtert.

Habermas stellt die heutige massenmedial vermittelte Öffentlichkeit der kritischen Diskurs-Öffentlichkeit der Bürger gegenüber und unterscheidet »zwischen den kritischen Funktionen selbstgesteuerter, von schwachen Institutionen getragener, auch horizontal vernetzter, inklusiver und mehr oder weniger diskursförmiger Kommunikationsprozesse einerseits und andererseits jenen Funktionen der Einflussnahme auf Entscheidungen von Konsumenten, Wählern und Klienten von Seiten der Organisation, die in eine massenmediale Öffentlichkeit intervenieren, um Kaufkraft, Loyalität oder Wohlverhalten zu mobilisieren.« (Habermas 1990, S. 28)

Auf der einen Seite geht es um die kritischen Diskurse der Vernunft. Auf der anderen Seite findet sich die Öffentlichkeit der Massenmedien, die deshalb zu kritisieren ist, weil sie einerseits nicht für direkte Rückfragen offen ist und andererseits eher Konsum als Information und Kritik befördert. Wir haben also eine zweigliedrige Perspektive auf Öffentlichkeit, die Habermas uns präsentiert. Mit dieser Zweigliedrigkeit ist auch der weitere Strukturwandel des Öffentlichen beschrieben. Moderne Massenmedien wie das Fernsehen unterbrechen für Habermas den Austausch von Argumenten in einem kritischen Diskurs. Vor allem deshalb kritisiert Habermas moderne Massenmedien und deren Einfluss auf Öffentlichkeit.

FAZIT

Fassen wir die Ausführungen in diesem Kapitel zusammen:

1. Öffentlichkeit (und Privatheit) sind Praktiken, die sich spezifischen medialen Bedingungen verdanken. Sie sind dabei stets aufeinander bezogen: Die bürgerliche Öffentlichkeit bildet sich im Privaten des bürgerlichen Salons aus und verdankt sich spezifischen Medien (Roman, Tagebuch, Brief).
2. Medien führen zur Einführung dessen, was wir unter einer modernen Öffentlichkeit verstehen: kritische Diskurse, die sich über den Austausch von Argumenten vollziehen.
3. Moderne Massenmedien wie das Fernsehen verändern diese Praxis des Öffentlichen.

Literatur:

Habermas, Jürgen (1990/1962): Vorwort zur Neuauflage. In: Ders.: Strukturwandel der Öffentlichkeit, Frankfurt/Main, S. 11–50.

Habermas, Jürgen (1962): Strukturwandel der Öffentlichkeit. Frankfurt/Main, S. 107–121.

Habermas, Jürgen (1981): Erste Zwischenbetrachtung: Soziales Handeln, Zwecktätigkeit und Kommunikation. In: Ders.: Die Theorie des kommunikativen Handelns. Band 1. Frankfurt/Main, S. 369–454.

IV. Populärkultur: Ein Einheitsbrei?

LEITENDE FRAGEN:

- Was kann man unter Populärkultur verstehen?
- Was haben Special Effects und Schönheitswettbewerbe mit Medien zu tun?

Die Möbel des schwedischen Einrichtungshauses Ikea stehen sowohl in den Wohnzimmern in New York als auch in Moskau und Shanghai. Weltweit verbreitet sind auch Ketten wie Mac Donalds, Burger King und Starbucks. Die Sendung »Deutschland sucht den Superstar« ist ein Format, das auch in anderen Ländern kopiert worden ist – allenthalben wird nun der »Superstar« gesucht. Und die Musik der « Beatles« wird nicht nur in Großbritannien gehört, sondern auf der ganzen Welt. All diese Phänomene sind Bestandteil einer globalen Kultur, die innerhalb der Soziologie als Populärkultur beschrieben wird. Es handelt sich dabei um weltweite Konsumprodukte einer Massenindustrie. Wie kann man sich die weltweite Verbreitung dieser populärkulturellen Phänomene erklären? Wie kommt es dazu, dass ein schwedisches Möbelhaus Möbel anfertigt, die sowohl den Geschmack von amerikanischen als auch von russischen, chinesischen und europäischen Konsumenten gleichermaßen befriedigt? Wie kann es dazu kommen, dass eine Restaurantkette wie Mac Donalds oder Burger King Speisen anbietet, die allen möglichen Menschen auf der Welt schmecken? Und warum ist die Musik der Beatles weltweit gleichermaßen erfolgreich? Dies sind Fragen, die innerhalb der Soziologie relevant werden (können), wenn es um die Beschreibung populärkultureller Formate geht. Die folgenden Überlegungen wollen sich dem annähern. Besonders in den Blick genommen wird dabei die generelle Zitierbarkeit von populärkulturellen Formaten. Denn diese scheint ein Kriterium zu sein, das populärkulturelle Formate und Phänomene verbindet. Sie sind offenbar so angeordnet und so gebaut, dass sie weltweit zitierfähig und damit anschlussfähig werden können – genau dies gilt es aber soziologisch zu erklären. Die Mediensoziologie bietet hierfür ein plausibles Erklärungsmuster an. Wichtig in diesem Zusammenhang ist eine Studie von dem in Hamburg lehrenden Soziologen Urs Stäheli zum Globalen Populären (Stäheli 2000). Doch zunächst geht es darum, wie unterschiedlich die Formate und Phänomene der Populärkultur innerhalb der Soziologie diskutiert werden – einige der dazu vertretenen Perspektiven sind uns bereits aus den vorangegangenen Kapiteln bekannt.

1. Soziologische Lesarten des Populären

Die Populärkultur ist in der Mediensoziologie unterschiedlich beschrieben worden. Generell lassen sich zwei Traditionslinien ausmachen, die wir hier bereits kennengelernt haben. Auf der einen Seite wird Populärkultur als gleichmacherische Instanz angesehen. Die Kulturindustrie-These von Theodor W. Adorno und Max Horkheimer besagt, dass Medien **Stereotype** verbreiten. Die Populärkultur wird dieser These zufolge als Massenkultur angesehen, die vereinfachen muss, um ein großes Publikum integrieren zu können. Damit wird komplexes und differenziertes Denken verunmöglicht, so Adorno und Horkheimer. Gleichzeitig geht die Kulturindustrie-These von einem eindimensionalen medialen Wirkungsprozess aus. Medien senden Stereotype aus, die auf alle gleichermaßen wirken. Der Effekt ist eine Vereinheitlichung, eine **Homogenisierung der gesamten Kultur**. Es ist gerade die Populärkultur, die zur Homogenisierung beiträgt, weil sie für die breite Masse gemacht ist und Stereotype produziert, die jedermann verstehen können kann.

Die zweite Position zur Beschreibung der Populärkultur haben die Media-Studies der Cultural Studies formuliert. Sie zeigt sich in den von den Cultural Studies identifizierten widerständigen Praktiken, die über Populärkultur ermöglicht werden. Medienaneignung entfaltet sich den Cultural Studies zufolge praktisch und kontextbedingt über den Mechanismus des »Encoding – Decoding«: Die populärkulturellen Inhalte werden zwar auf eine bestimmte Weise produziert und mit bestimmten Botschaften versehen. Sie können aber immer unterschiedlich gelesen und interpretiert werden. Die unterschiedliche Lesart wird von den Cultural Studies als **widerständige Praxis** aufgefasst und als solche regelrecht gefeiert, weil sie sich gegen den Mainstream der Bedeutungsproduktion richten kann.

Übungsbeispiel:

Beobachten Sie die Mechanismen, nach denen ein Fastfood-Restaurant organisiert ist. Sie werden dabei schnell auf die Mechanismen der Quantifizierung, der Vereinheitlichung, der Kontrolle und der Effizienz stoßen. George Ritzer hat dies in einer Studie (Ritzer 1997) herausgearbeitet – seine These ist, dass sich die gesamte moderne Gesellschaft nach den gleichen Prinzipien organisiert wie eine Fastfood-Kette. Er spricht deshalb von einer »McDonaldisierung« der modernen Gesellschaft. Ihm zufolge führt die Einführung populärkultureller Formate und Phänomene zur Homogenisierung von globaler Kultur.

Die beiden oben noch einmal kurz umrissenen Positionen lassen sich durch eine dritte ergänzen. Urs Stäheli (2000) hat sich in einer Studie zur Populärkultur die Frage gestellt, über welche kommunikativen und medialen Praktiken diese sich überhaupt etablieren kann. Er will herausfinden, was eigentlich in der Populärkultur kommunikativ und medial passiert. Über welche kommunikativen und medialen Praktiken etabliert sie sich? Ihn interessiert nicht, ob über Populärkultur eine gemeinsame, homogene, weltweit einheitliche Kultur entsteht (Horkheimer / Adorno). Er fragt sich auch nicht, ob durch Populärkultur Emanzipation und Befreiung möglich ist (Cultural Studies). Was er sich fragt ist vielmehr, wie durch bestimmte Elemente innerhalb der Kommunikation so etwas wie Populärkultur entstehen kann und über welche Mechanismen sie sich etabliert. Seine Antwort: »Beim globalen Populären handelt es sich also um diskursive Elemente (oder semantische Formen), die über eine gesteigerte Zitierfähigkeit verfügen und gerade dadurch ›global‹ anschlussfähig werden.« (Stäheli 2000, S. 92) Das entscheidende Kriterium für die Etablierung einer globalen Populärkultur ist für Urs Stäheli die **Zitierfähigkeit von Zeichen**. Populärkultur wird deshalb möglich, weil sie spezifische Zeichenformen in Anspruch nimmt, die überall in kontextualisierte Wissensvorräte und Kommunikationsweisen eingearbeitet werden können. **Populärkulturelle Zeichen sind universal zitierbare Zeichen.**

2. Die universale Zitierbarkeit

Populärkulturelle Zeichen sind offenbar nicht auf einen spezifischen Ort festgelegt, sondern funktionieren weltweit – McDonalds, Ikea, Coca-Cola, die Beatles: All dies sind Phänomene und Formate, die sich über den gesamten Erdball verteilt wieder finden lassen.

Populärkultur zeichnet also offenbar eine universale Anwendbarkeit von Zeichen aus. Wenn die Inhalte der Populärkultur besonders gut zitiert werden können, dann können sie sich auch überall ausbreiten. Sie sind überall bekannt – also: populär.

Urs Stäheli fragt nun, warum diese globale Zitierbarkeit von populärkulturellen Zeichen funktioniert. Was ermöglicht diese universale Zitierbarkeit? Warum eignen sich hierfür bestimmte Zeichen besonders und andere nicht? Als Antwort findet Stäheli zwei Mechanismen.

Der eine Mechanismus besteht in der **Universalisierung von Vergleichsarrangements**. Der andere Mechanismus besteht in der vielfachen Anschlussfähigkeit von Zeichen – also in der **Hyperkonnektivität von Zeichen**. Ein Zitat aus der Studie soll diesen Zusammenhang verdeutlichen: »Globale populäre Kommunikation universalisiert erstens Vergleichsarrangements, die lokal jeweils spezifisch artikuliert werden (...), zweitens können einzelne semantische Elemente soweit universalisiert werden, dass sie hyperkonnektiv werden und sich in unterschiedlichste Vergleichsarrangements einfügen lassen (...)« (Stäheli 2000, S. 85) Vergleichsarrangement meint ein Bezugsystem von Themen bzw. Problemstellungen, das weltweit funktioniert und an das jeweils unterschiedlich angeschlossen werden kann. Hyperkonnektivität meint eine Vielfalt von Anschlussmöglichkeiten eines Elements bzw. Zeichens an bestimmte, spezifische Kulturen. Was kann man darunter verstehen?

Dazu soll es zunächst um das Phänomen der Universalisierung von Vergleichsarrangements gehen. Urs Stäheli führt aus: »Diskursive Techniken des Globalen Populären ermöglichen eine spezifische Form der Verwendung von Vergleichsarrangements, welche trotz vielfältiger Kontextualisierungen dessen (...) Identität sicherstellt.« (Stäheli 2000, S. 92)

Mit Vergleichsarrangements der Populärkultur zielt Stäheli auf Phänomene wie weltweite Schönheitswettbewerbe, Kulturpreise für Filme oder Bücher, Chansonwettbewerbe ab. Hieran wird sichtbar, dass Populärkultur so etwas wie einen gemeinsamen Rahmen schafft, auf den sich unterschiedlichste Kulturen weltweit beziehen und diesen unterschiedlich ausfüllen können.

Dieser Rahmen ist also universal (global, weltweit) gültig und wird deshalb populär, d. h. für viele unterschiedliche Möglichkeiten anschlussfähig, weil er so unterbestimmt ist, das er relativ wenig meint. Verdeutlichen wir uns dies an dem Beispiel, das der Sängerwettbewerb »XY sucht den Superstar« nicht nur in Deutschland, sondern auch in Afghanistan stattgefunden hat. Das Beispiel zeigt, dass der Sängercontest »Deutschland sucht den Superstar« nicht nur hierzulande ein bestimmtes Publikum begeisterte. Das Format »Nation XY sucht den Superstar« war auch in anderen Ländern erfolgreich – in unserem Beispiel ist es Afghanistan, wo der Sängerwettbewerb im Fernsehen ausgestrahlt worden ist. Der Contest meint zunächst relativ wenig – er besagt schlicht, dass Sänger sich einer Prüfung ihrer Gesangskunst durch eine Jury unterziehen müssen. Es handelt sich um ein Vergleichsarrangement, das wenig vorgibt. Dies ist aber kein Problem, sondern die Lösung dafür, dass dieses Vergleichsarrangement weltweit anschlussfähig werden kann. Das Format wird aber nicht überall gleich, sondern unterschiedlich ausgefüllt – je nachdem, in welchem Kontext an das Vergleichsarrangement angeschlossen wird, nimmt es unterschiedliche Gestalt an. Dies ist aber nur möglich, weil das Vergleichsarrangement wie gesagt selbst relativ unterbestimmt bleibt. In Afghanistan sieht der Superstar anders aus als in Deutschland – das Vergleichsarrangement kann also unterschiedlich bedient und angewandt werden.

Urs Stäheli selbst arbeitet diesen Mechanismus am Beispiel von Schönheitswettbewerben heraus. Schönheit selbst ist ebenfalls in ihrer Bedeutung relativ unterbestimmt. Der Wettbewerb der Suche nach der »Miss XY« (Miss Deutschland, America, World) wird genau deshalb möglich und kann in einzelnen Nationen durchgeführt werden. Genau das erlaubt eine Universalisierung des Formats und unterschiedlich kontextualisierte Anschlüsse. Für die Mediensoziologie ist interessant, dass Urs Stäheli diesen Mechanismus an eine bestimmte Zeichenfigur bindet – es ist der **leere Signifikant**. Der Begriff Signifikant stammt aus der Sprachtheorie und steht zunächst einmal nur für ein Zeichen. In der Soziologie ist dieser Begriff auf soziale Mechanismen übertragen worden. Immer dann, wenn ein Begriff ein Diskursuniversum bündeln und ermöglichen kann, spricht man von einem leeren Signifikanten. Dazu Urs Stäheli: »Die Pointe des Begriffs besteht darin, dass der leere Signifikant, welcher die Identität eines Diskurses ausdrückt, zwar als besonders bedeutungsreich erscheint, gleichzeitig aber nur funktionieren kann, weil er zunehmend von jeglicher Bedeutung entleert wird. Er nimmt damit eine Stellung ein, die zwischen dem Außen und Innen eines Diskurses oszilliert und damit gerade die konstitutive Differenz des Vergleichsarrangements darstellen kann.« (Stäheli 2000, S. 94) Der leere Signifikant ist also ein Zeichen, dass selbst relativ wenig meint und genau deshalb mit unterschiedlichsten Bedeutungen angereichert werden kann.

Dafür ein Beispiel: Der Begriff des leeren Signifikanten wird in der Soziologie etwa für den Begriff der Gesellschaft angewendet. Wenn man sich fragt, was eigentlich eine Gesellschaft ist, ist zunächst nicht klar, was damit verbunden sein könnte. Wie eine Gesellschaft auszusehen hat, ist relativ offen – der Begriff selbst legt den Inhalt nicht unmittelbar fest. Weil dies so ist, kann nun ein öffentlicher – Diskurs darüber stattfinden, wie eine Gesellschaft auszusehen hat. Der Begriff der Gesellschaft ist funktional unterbestimmt und kann mit unterschiedlichen Vorstellungen aufgefüllt werden. So spricht man von einer Risikogesellschaft (Beck), von einer funktional differenzierten Gesellschaften (Luhmann) oder von einer Multi-Options-Gesellschaft (Gross).

Der Begriff selbst ist den beiden Soziologen Ernesto Laclau und Chantal Mouffe zu verdanken. Der leere Signifikant half ihnen dabei, einen Gesellschaftsbegriff zu entwickeln, mit dem sie ihr gesellschaftstheoretisches Programm des Postmarxismus ausbuchstabiert haben. Wir können dieses Programm hier nicht genauer in Augenschein nehmen. Für uns ist mediensoziologisch von Interesse, dass der leere Signifkant als Figur dient, um die Spezifik medial vermittelter Kommunikation zu beschreiben, wenn es um globale Populärkultur geht. Der leere Signifikant erzeugt eine Figur, an die unterschiedlich angeschlossen werden kann. Damit lassen sich Kommunikationen beschreiben, die weltweit funktionieren – und damit auch die globale Populärkultur. Diese erzeugt relativ unterbestimmte Vergleichsarrangements, an die mit weltweiter Wirkung unterschiedlich angeschlossen werden kann. Man kann etwa auf der ganzen Welt Schönheitswettbewerbe abhalten und die unterschiedlichen Schönheitsideale miteinander vergleichen.

Aus der Perspektive von Urs Stäheli gibt es einen weiteren Mechanismus, der mit der Etablierung einer globalen Populärkultur einhergeht: die Hyperkonnektivität. Deutlich wird das anhand eines Zitats zum Thema Special Effects. Diese werden vor allem in zur Populärkultur zählenden Filmen eingesetzt. Für Stäheli machen sie damit den besonderen Kommunikationsmodus von populärkultureller Kommunikation aus: »Gerade dadurch, dass *special effects* sich nicht auf Kommunikationsinhalte und Zurechnungsfragen reduzieren lassen, führen sie die Medialität von Kommunikationsmedien vor – wird so doch in erster Linie das Kommunikationsmedium selbst zelebriert.« (Stäheli 2000, S. 101)

Zunächst: Was versteht man unter einem Special Effect?

Jenseits von Bildbeschreibungen sind sie Elemente in der Kommunikation, die selbst keinen spezifischen Inhalt aufweisen. Man kennt dies etwa aus der Welt der Comic-Zeichnung. Die Bilder werden darin oft mit Zusätzen versehen, wie *Paff-Boom, Bang*. Diese Zusätze dienen dazu, Kommunikationen als solche sichtbar zu machen und zu betonen bzw. zu verstärken. Genau deshalb können sie inmitten jeder Kommunikation eingebaut werden. Auf diese Weise führen Special Effects die Medialität der Kommunikation vor. Sie zeigen, dass etwas gezeigt wird, ohne selbst etwas zu meinen.

Die folgenden beiden Bilder zeigen den Herstellungsprozeß des Cover-Fotos der Pop-Band *Beißpony*, das auf dem Label *Chicks on Speed Records* 2013 veröffentlicht wurde. Woran wird am Beispiel dieser Bilder die Hyperkonnektivität von populärkulturellen Zeichen sichtbar? Zunächst wird auf dem ersten Bild sichtbar, wie ein Special Effect (mittels Mehl) manuell hergestellt wird. Die Person links im Bild erzeugt einen Special Effect: Nebel, der die Band Beißpony einhüllen soll. Das rechte Bild zeigt dann nur mehr die in Nebel eingehüllte Band im Birkenwald. Dabei kommuniziert der Special Effect selbst nichts, er unterstreicht vielmehr nur, was bereits da ist (Birkenwald).

Special Effects verdeutlichen nur, dass etwas kommuniziert wird, ohne selbst etwas zu meinen. Ein weiteres Beispiel könnten Special Effects im

Abb. 15: Beisspony Vorher

Abb. 16: Beisspony Nachher
Foto: Florian a. Betz (Beißpony, Chicks on Speed Records)

Comic-Heft sein (»Puff«, »Boom«, »Bang«). Kommuniziert wird allein, dass etwa Superman ein Feuer ausbläst. Der Hinweis »Puff« führt diese Luftbewegung vor, verdeutlicht die Kraft des Pustevorgangs und unterstreicht damit nur die Medialität der Kommunikation,

Urs Stäheli betont, dass durch diese Merkmale der populärkulturellen Zeichen (universale Vergleichsarrangements und Hyperkonnektivität) keine Homogenisierung der lokalen Kultur erfolgt, auf die diese Zeichen treffen. Vielmehr zeichnen sich die populärkulturellen Zeichen gerade dadurch aus, dass sie sich überall einfügen können, ohne überall das Gleiche zu bewirken: »Die *special effects* fügen sich dank ihrer Unverbundenheit in andere Kulturen ein, ohne diese einer Differenzerfahrung auszusetzen und ohne die Angleichung der Gastkultur an diese Effekte zu verlangen.« (Stäheli 2000, S. 102)

FAZIT

Fassen wir die bisherigen Ergebnisse zusammen.

1. Es gibt zwei Lesarten zur Soziologie der Populärkultur: Einerseits geht man von einer Homogenisierung der Kultur aus – konträr dazu vermutet man, dass die Populärkultur zur Demokratisierung von Personen beiträgt. Urs Stäheli schlägt eine dritte Lesart vor. Diese konzentriert sich nicht so sehr auf die Rezeption von populärkulturellen Inhalten, sondern vielmehr auf **die medialen Bedingungen einer globalen populärkulturellen Kommunikation**.
2. Hierzu lassen sich zwei Mechanismen ausmachen, über die eine globale Populärkultur entsteht und sich fortsetzt.
   - Zum einen sind das universale Vergleichsarrangements, die unterschiedliche Anschlüsse weltweit ermöglichen.
   - Der andere Mechanismus besteht in einer universale Hyperkonnektivität, die sich durch unterschiedliche Zitierbarkeit von Zeichen verdeutlichen lässt. In beiden Fällen sind wir auf Zeichensysteme gestoßen, die sich durch Unbestimmtheit ausgezeichnet haben. Diese Unbestimmtheit war durchaus funktional. Weil die Vergleichsarrangements kaum etwas meinen, kann hierüber ein weltweit geführter Diskurs stattfinden. Special Effects haben selbst keinen Inhalt, deshalb können sie in alle möglichen anderen Inhalte eingefügt werden und universal Anwendung finden.
3. Laut Stäheli entsteht so keine globale, einheitliche Populärkultur: »Das Globale Populäre bezeichnet dagegen eine Form des globalen Umgangs mit semantischen Formen und Vergleichsstandards, nicht aber die Entwicklung einer globalen Kultur. Eher lässt sich das Globale Popu-

läre durch spezifische Formen der Konnektivität und Zitierbarkeit, die generalisierte Kommunikationselemente schaffen, charakterisieren. Die verschiedenen Effekte werden von ihrem ›ursprünglichen‹ Kontext losgelöst und in zahlreichen kulturellen Kontexten zitier- und wiedereinsetzbar.« (Stäheli 2000, S. 103)

Literatur:

Stäheli, Urs (2000): »Die Kontingenz des Globalen Populären«. Soziale Systeme, 6 (1), 2000, S. 85–110.

V. Weltgesellschaft: Ein mediales Produkt?

LEITENDE FRAGEN:

- Wie entsteht eine globalisierte Gesellschaft?
- Was tragen Medien dazu bei?

In diesem abschließenden Kapitel soll es noch einmal um das Phänomen der Globalisierung gehen. Dass wir in einer globalisierten Gesellschaft leben, ist hinlänglich bekannt – auch in der Soziologie. Schon seit längerer Zeit geht man davon aus, dass sich gesellschaftliche Prozesse als globalisierte Prozesse etablieren (vgl. Beck 2004). In der Systemtheorie spricht man auch von einer »Weltgesellschaft« (Luhmann 1997, S. 145ff; Stichweh 2000), die nicht mehr länger durch nationalstaatliche oder lokale Grenzen bestimmt ist. In einer globalisierten Gesellschaft nehmen wir nicht nur auf lokale Einheiten Bezug, sondern lokale Sinnbezüge sind in einer globalisierten Welt immer auch eingebunden in weltweite Prozesse. Massenmedien führen uns dies tagtäglich vor Augen, wenn sie von fremden Orten und Personen berichten.

Wie kann man sich die Entstehung einer globalisierten Welt oder einer Weltgesellschaft vorstellen? Weshalb gehen wir davon aus, dass unsere Praktiken nicht nur lokal wirken, sondern auch auf anderen Teilen des Erdballs Folgewirkungen haben können? Hier ist ein Hinweis auf Medien angebracht: Medien verbinden uns mit Personen, Orten und Objekten, die außerhalb unseres lokalen Wirkungszusammenhangs liegen. Wir können hierauf Bezug nehmen und uns mit ihnen austauschen bzw. etwas über sie erfahren. So verbindet uns das Internet weltweit mit Personen, zu denen wir jederzeit Kontakt aufnehmen können. Vorher hatten Buchdruck und Fernsehen schon zu einer Vermehrung und Verdichtung des Kommunikationsnetzes der Gesellschaft beigetragen, weshalb es kaum vorstellbar ist, dass jemand etwa nichts von den Ereignissen des 11. September 2001 mitbekommen hat.

Der Beginn des Globalisierungsprozesses reicht weit zurück. Bereits in der Antike bestanden umfassende Fernhandelsbeziehungen, die Europa und Asien miteinander verbanden. Im 15. Jahrhundert entdeckte Kolumbus Amerika – die Ausdehnung räumlicher Grenzen war die Folge. Im Zuge der industriellen Revolution im 19. Jahrhundert und der Umstellung auf industrielle Fertigung waren mehr Rohstoffe nötig, sie wurden im- und exportiert. Schließlich führten die Einführung des Telegrafen und der Ausbau von Eisenbahnnetzen im letzten Viertel des 19. Jahrhunderts zu einer neuerlichen Annäherung unterschiedlicher Sozialräume. Man kann Globalisierungsprozesse aber nicht nur im Sinne einer Verdichtung von

Kommunikationsmöglichkeiten und Handelsbeziehungen beschreiben, sondern auch als Folge der Produktion und weltweiten Wahrnehmung von Risiken. 1945 wurden Atombomben auf Hiroshima und Nagasaki abgeworfen, spätestens von da an wusste man, dass es durch kriegerische Maßnahmen zu einer globalen Zerstörung der Welt kommen kann. Schließlich führen Umweltkatastrophen und damit verbundene Flüchtlingsströme immer wieder vor, dass lokale Risiken und Krisen weltweite Auswirkungen haben können.

Medien spielen in der Herstellung von weltweiten Kommunikationsbeziehungen eine entscheidende Rolle. Sie erzeugen Sichtbarkeiten und Kommunikationsmöglichkeiten, die uns weltweit miteinander vernetzen. Verbreitungsmedien – Massenmedien – wirken besonders nachhaltig auf soziale Praktiken ein. Die durch das Pressewesen bewirkte Verdichtung von Kommunikationen wurde durch elektronische Medien noch verstärkt: Telegraf, Film, Fernsehen, Radio, schließlich das Internet.

Übungsvorschlag:

Woran können wir erkennen, dass wir in einer globalisierten Welt leben? Bei der Suche nach einer Antwort werden Sie schnell auf Medien stoßen. Innerhalb der Soziologie ist der Einfluss von Medien auf Globalisierungsprozesse oft am Beispiel von Migranten untersucht worden. Fernsehen oder Internet spielen oftmals eine entscheidende Rolle im Identitätsfindungsprozess von Migranten. Medien sorgen für weltweite Konnektivität, die aber immer auch lokal verortet werden muss. Marie Gillespie hat diesen Prozess am Beispiel indischer Jugendlicher in London untersucht (Gillespie 1995). Daniel Miller und Don Slater widmeten sich der weltweit verstreut lebenden Bevölkerung Trinidads (Miller & Slater 2000). Sie stoßen hierbei auf die besondere Rolle, die das Internet in der Herstellung ihrer Identität spielt.

Wir wollen im Folgenden anhand zweier Beispiele diskutieren, woran die Medialität von Globalisierungsprozessen konkret sichtbar wird. Denn schließlich sind nicht nur Medien, sondern auch Handelsbeziehungen, die sich über den gesamten Globus erstrecken und uns Güter aus fremden Welten zugänglich machen, für das Vorhandensein einer globalisierten Welt verantwortlich. Weiterhin lässt sich am Beispiel des Tourismus beobachten, dass wir selbst fremde Welten aufsuchen, um uns über sie zu informieren.

1. Weltereignisse und Massenmedien

In der Diskussion um Globalisierungseffekte tauchen nicht nur Hinweise auf Produkte auf, die weltweit kursieren und die wir bei entsprechender Finanzkraft jederzeit konsumieren können: Wenn wir uns etwa morgens nach dem Aufstehen einen Kaffee oder Tee kochen, das Radio einschalten, die Zeitung aufschlagen und den Computer hochfahren, um Nachrichten zu lesen, haben wir es unmittelbar mit Effekten der Globalisierung zu tun. Wir konsumieren Produkte, die auf der anderen Seite des Erdballs hergestellt worden sind und decken uns mit Informationen über Ereignisse ein, die woanders stattgefunden haben. Mit Globalisierungseffekten ist oftmals noch mehr gemeint, Stichwort Weltereignisse. Das sind Ereignisse, die auf ein weltweites Publikum abzielen: etwa die Olympischen Spiele, Weltausstellungen, Fußballweltmeisterschaften oder die UN-Vollversammlung.

Abb. 17: Towerbridge Olympia
Olympic Games 2012
Quelle: picture alliance / dpa; Fotgraf: Rainer Jensen.

Gemeinsam ist diesen Ereignissen, dass sie vor einem Publikum versuchen, die Welt als gemeinsam geteilte Welt darzustellen. Der Teilnehmerkreis besteht aus internationalen Repräsentanten. Sie richten sich nicht nur an ein lokales Publikum vor Ort. Vielmehr gilt ihre Aufmerksamkeit und ihr Handeln einem Weltpublikum, das sich über Massenmedien herstellt. Erwartet wird, dass sich ein Weltpublikum möglichst in Echtzeit über das Weltereignis informiert. Solche Weltereignisse werden deshalb zu weltweit Aufmerksamkeit erregenden Instanzen, weil sie entweder eine Art Umbruch markieren oder aber weil sie als solche **inszeniert** werden.

Ein weiteres Beispiel für Weltereignisse sind Umweltkatastrophen. Eines der ersten Weltereignisse dieser Art war etwa das Erdbeben von Lissabon vor 250 Jahren (1755), selbst wenn diese Naturkatastrophe vor allen Dingen innerhalb von Europa für Aufregung sorgte. Familien und Freunde von Kaufleuten in europäischen Städten sorgten sich um deren Wohlergehen. Allerdings dauerte es etwa acht bis zehn Tage, bis die Zerstörung der Stadt Lissabon im Mittelmeerraum bekannt wurde und bis zu einem Monat, bis die Nachricht sich auch in Hamburg, London und Paris ausbreiten konnte (vgl. Holzer 2008, S. 146).

Infobox:

Weltereignisse werden deshalb zu weltweit Aufmerksamkeit erregenden Instanzen, weil sie entweder eine Art Umbruch markieren oder aber weil sie als solche inszeniert werden. Massenmedien spielen in diesen Inszenierungspraktiken eine entscheidende Rolle. Denn ohne Massenmedien kann die Aufmerksamkeit eines Weltpublikums nicht sichergestellt werden.

Heutige Weltereignisse unterscheiden sich von solchen wie dem Erdbeben von Lissabon durch ein entscheidendes Kriterium: Sie werden bewusst hergestellt und durch **Massenmedien** als solche vermittelt. Letztere tragen dazu bei, ein weltweit verstreut lebendes Publikum zu vereinen. Denn nur weil etwas Wichtiges oder Neuartiges passiert, ist noch lange nicht sichergestellt, dass jedermann daran teilnehmen kann bzw. sich dafür interessiert. Die Relevanz von Weltereignissen ergibt sich also nicht von selbst. Damit ein Ereignis als massenmediales Ereignis inszeniert werden kann, benötigt es ein gewisses Alleinstellungsmerkmal, es muss eine bestimmte Neuheit aufweisen, etwas, dass es so vorher noch nicht gegeben hat. Dabei wird die Teilnahme an einer Weltgesellschaft auf eine spezifische Weise erlebbar gemacht, etwa durch bestimmte Symbolisierungen. So wird bei den olympischen Spielen versucht, durch internationale Teilnehmerschaft und eine bestimmte Symbolik (die olympischen Ringe) etwas Ähnliches herzustellen, wie die Repräsentation einer gemeinsam geteilten Welt. Versammelt wird eine globale Vielfalt an einem spezifischen Ort: Sportler aus allen Teilen der Welt kommen an diesem Ort zusammen, um den Wettkampf um den »Weltbesten« auszutragen.

Selbstverständlich wird auch heute noch über Umweltkatastrophen berichtet – damit können Umweltkatastrophen zu Weltereignissen werden, Beispiel ist die Tsunami-Katastrophe im Indischen Ozean im Dezember 2004 (vgl. Holzer 2008). Über den Einsatz der Massenmedien wird ein Weltpublikum hergestellt, das an den sich ereignenden Katastrophen nahezu unmittelbar teilnehmen kann.

2. Tourismus: Globalisierte Bildpraktiken

Ein anderes, etwas alltäglicheres Beispiel für Globalisierungsprozesse findet sich im Bereich des Tourismus. Hier haben wir es ebenfalls mit medialen Praktiken zu tun, nämlich mit **Bildpraktiken**. Ein Tourist kennzeichnet sich zumeist dadurch, dass er mit einer Fotokamera ausgestattet durch fremde Städte läuft. Er sucht dabei ganz spezifische Orte auf – im Normalfall wird er sich etwa in Venedig nicht die für die Müllentsorgung oder irgendwelche abseitig liegenden Industriebrachen interessieren. Vielmehr steuert er gezielt den Markusplatz an und verbringt dort seine Zeit damit, Bildaufnahmen von Kirchen und Plätzen anzufertigen, die es im Normalfall in diversen Bildbänden und auf vielen Internetseiten bereits zu bestaunen gibt. Mediensoziologisch zu fragen ist, wie es zu dieser, bei Lichte betrachtet seltsam anmutenden Praxis kommt. John Urry, ein in Lancaster lehrender Soziologe, interessiert sich genau für diesen touristischen Blick, den *tourist gaze*, wie er es formuliert, und fragt warum wir als Touristen spezifische Orte aufsuchen und diese abfotografieren – wo es doch schon zahllose Bilder davon gibt. Seine Antwort auf diese Frage liegt in dem Hinweis auf einen hermeneutischen Zirkel: Bewegen wir uns zu Hause, so wird unser Blick bereits auf fremde Orte gelenkt. Postkarten, Werbung, Fernsehen und Filme erzeugen einen spezifischen Blick auf Orte, an denen wir noch nie waren. So ist unser Bild von New York etwa durch zahllose Filme vorstrukturiert, die wir konsumiert haben – wir wissen, wie es in New York aussieht, ohne jemals dort gewesen zu sein. Wir haben ein klares Bild vom Eifelturm in Paris, ohne ihn jemals besichtigt zu haben. Und wir wissen, dass der Markusplatz ein zentraler Ort in Venedig ist, ohne ihn jemals betreten zu haben.

Laut Urry folgt daraus eine spezifische Reisepraxis: Wir reisen nicht blind drauflos, sondern genau an jene Orte, die uns als touristisch durch Medien vermittelt werden, um die dort vorhandenen Sehenswürdigkeiten zu bestaunen. Dadurch entsteht eine spezifische touristische Struktur, die Blickweisen organisiert: Wenn wir als Tourist verreisen, wird unser Blick auf Orte durch die Bilder von diesen Orten vorstrukturiert. Wir suchen also genau jene Orte auf, von denen wir wissen, dass sie touristische Orte sind.

Doch der Zirkelschluss ist damit noch nicht abgeschlossen. Denn schließlich lassen wir uns auch noch an diesen touristischen Orten fotografieren, um zu dokumentieren, dass wir dort gewesen sind. Wieder zuhause, zeigen wir diese Fotografien unseren Freunden, Bekannten und Verwandten und verstärken damit den touristischen Blick auf jene Orte, die wir als touristische besichtigt haben. Nun entsteht im Bekanntenkreis der Wunsch danach, an eben genau jene Orte zu reisen und die Anwesenheit zu dokumentieren. So setzt sich der **hermeneutische Zirkel** weiter fort. John Urry formuliert diesen Zusammenhang wie folgt: »Involved in much tourism is a kind of hermeneutic circle. What is sought for in a holiday is a set of photographic images, as seen in tour company brochures or on TV programmes. While the tourist is away, this then moves on to a tracking down and capturing of those images for oneself. And it ends up with travellers demonstrating that they really have been there by showing their version of the images that they had seen originally before they set off.« (Urry 1990, S. 140)

Infobox:

Der touristische Blick wird durch Bildpraktiken angeleitet. Die Entwicklung der Fotografie als Massenphänomen spielt deshalb für den Aufstieg des Tourismus eine entscheidende Rolle. Wir bereisen Orte, die wir aus Fotografien und Filmen vermittelt bekommen haben. Sind wir dort, dokumentieren wir unsere Anwesenheit wiederum durch Fotografien. John Urry spricht deshalb auch von einem hermeneutischen Zirkel, wenn es um touristische Praktiken geht: Wir bereisen Orte, die wir aus Bildern kennen, und stellen genau von jenen Orten erneut Bilder her.

Für John Urry ist für die Genese des Tourismus die Entwicklung der Fotografie entscheidend. Sie habe dazu beigetragen, den Tourismus als soziale Praxis zu ermöglichen: »The immensely expanding popularity of photography in the later nineteenth century indicates the importance of these new forms of visual perception, and their role in structuring the tourist gaze that was emerging in this period.« (Urry 1990, S. 136)

Abb. 18: Tourismus
Foto: Elke Wagner

Zwar gab es vor der Entwicklung der Fotografie schon Reisende, die Berichte über ihre Erfahrungen in fernen Ländern verfassten, doch erst mittels Fotografie kann der Tourismus als Massenphänomen entstehen. Für unsere mediensoziologische Perspektive ist dies von unmittelbarem Interesse: Hieran zeigt sich, dass Globalisierungsprozesse (auch) medieninduzierte Prozesse sind. Das Erleben von Globalisierungsprozessen ergibt sich nicht von selbst, sondern wird unter Beteiligung der Medien praktisch hergestellt. Medien strukturieren unsere Blickweise auf spezifische Weise – gezeigt am Beispiel der Fotografie im Tourismus.

FAZIT

Fassen wir die bisherigen Ergebnisse zusammen:

1. Eine Weltgesellschaft ist in ihrer Entstehung hochgradig durch Medien vermittelt, wobei die Massenmedien eine entscheidende Rolle spielen.
2. Weltereignisse simulieren durch eine bestimmte Teilnehmeranordnung die Integration der ganzen Welt. Dabei spielen sich Weltereignisse vor einem Weltpublikum ab, das über Massenmedien hergestellt wird.
3. Tourismus ist ein weiteres Beispiel für Globalisierungsprozesse. Hier spielt insbesondere die Fotografie eine entscheidende Rolle in der Herstellung von touristischen Praktiken. Diese gleichen einem Zirkelschluss: Bereist werden Orte, die man aus Bildern und Filmen kennt, um sich dann an genau jenen Orten selbst zu fotografieren.

Literatur:

Holzer, Boris (2008): Das Leiden der Anderen: Episodische Solidarität in der Weltgesellschaft. in: Soziale Welt 59(2), S. 141–156.
Urry, John (1990): The Tourist Gaze. Leisure and Travel in Contemporary Societies. London / Newbury Park / New Delhi, S. 136–140.

Literaturverzeichnis

Adorno, Theodor W. (1963): Prolog zum Fernsehen. In: Ders.: Eingriffe. Neun kritische Modelle. Frankfurt/Main, S. 69–80.

Alexander, Jeffrey C. (2011): Performative Revolution in Egypt. An Essay in Cultural Power. London.

Ang, Ien (1985): *Watching Dallas*: Soap Opera and the Melodramatic Imagination. *Methuen.*

Beck, Ulrich (2004): Was ist Globalisierung? Frankfurt/Main.

Burkart, Günter / Runkel, Gunter (Hrsg.) (2004): Niklas Luhmann und die Kulturtheorie. Frankfurt/Main.

Borch, Christian / Stäheli, Urs (2009): Soziologie der Nachahmung und des Begehrens. Materialien zu Gabriel Tarde. Frankfurt/Main.

Bourdieu, Pierre et. al. (2006): Eine illegitime Kunst. Die sozialen Gebrauchsweisen der Fotographie. Hamburg.

Castells, Manuel (2001): Das Informationszeitalter Wirtschaft. Gesellschaft. Kultur. Bd. 1: Der Aufstieg der Netzwerkgesellschaft. Opladen.

Cohen, Roger (2011): Facebook and Arab dignity. New York Times. Abrufbar unter: http://www.nytimes.com/2011/01/25/opinion/25iht-edcohen25.html?_r=0 (18.09.2013).

Elias, Norbert (1939/1997): Über den Prozeß der Zivilisation. 2 Bde.. Frankfurt/Main.

Fiske, John (2001): Die britischen Cultural Studies und das Fernsehen. in: Die Fabrikation des Populären: der John Fiske Reader. Bielefeld, S. 17–68.

Foucault, Michel (1966/1971): Die Ordnung der Dinge. Frankfurt/Main.

Garfinkel, Harold (1967): *Studies of the routine grounds of everyday activities.* In: Ders.: *Studies in Ethnomethodology.* Prentice-Hall 1967, S. 35–75.

Goody, Jack / Watt, Ian (1963): *The Consequences of Literacy* Comparative Studies in Society and History, Vol. 5, No. 3, pp. 304–345.

Goody, Jack (1986/1990): *Die Logik der Schrift und die Organisation von Gesellschaft.* Frankfurt/Main.

Gillespie, Marie (1995): Television, Ethnicity and Cultural Change. London.*Habermas, Jürgen (1990): Vorwort zur Neuauflage. In: Ders.: Strukturwandel der Öffentlichkeit. Frankfurt/Main, S. 11–50.*

Habermas, Jürgen (1962/1990): Strukturwandel der Öffentlichkeit, Frankfurt/Main.

Habermas, Jürgen (1981): *Die Theorie des kommunikativen Handelns. Band 1. Frankfurt/Main.*

Hahn, Alois (1982): *Zur Soziologie der* Beichte *und anderer Formen institutionalisierter Bekenntnisse. Selbstthematisierung und Zivilisationsprozess.* In: KZfSS Jg. 34, 1982, S. 407– 434.

Hall, Stuart (1980): Encoding / decoding. In: Culture, Media, Language. Working Papers in Cultural Studies, 1972–79. London, S. 128–138.

Hartley, John (1999/2001): Die Behausung des Fernsehens. Ein Film, ein Kühlschrank und Sozialdemokratie. in: Adelmann, Ralf/Hesse, Jan O. et. al. (Hrsg.): Grundlagentexte zur Fernsehwissenschaft. Theorie – Geschichte – Analyse. Konstanz, S. 253–280.

Havelock, Eric A. (1963): *Preface To Plato. A History of the Greek Mind.* Cambridge and London.

Hepp, Andreas/Krotz, Friedrich/Thomas, Tanja (Hrsg.) (2009): *Schlüsselwerke der Cultural Studies.* Wiesbaden.

Hepp, Andreas/Winter, Rainer (2008): Kultur – Medien – Macht. Cultural Studies und Medienanalyse. Wiesbaden.

Holly, Werner/Püschel, Ulrich/Bergmann, Jörg (Hrsg.) (2001): Der sprechende Zuschauer. Wie wir uns Fernsehen kommunikativ aneignen. Opladen.

Holzer, Boris (2008): Das Leiden der Anderen: Episodische Solidarität in der Weltgesellschaft. in: Soziale Welt 59(2), S. 141–156.

Horkheimer, Max/Adorno, Theodor W. (1944/1988): Kulturindustrie. In: Ders.: Dialektik der Aufklärung. Frankfurt/Main.

Illouz, Eva (2003): Reinventing the Liberal Self. Talk Shows as Moral Discourse. in: R. Brown (Hrsg.): The Politics of Selfhood. Bodies and Identities in Global Capitalism. Minnesota, S. 109–146.

Illouz, Eva (2006): Gefühle in Zeiten des Kapitalismus. Frankfurt/Main, S. 115–168.

Illouz, Eva (2003): Der Konsum der Romantik. Liebe und die kulturellen Widersprüche des Kapitalismus. Frankfurt/Main/New York.

Innis, Harold A. (1950/1997): Kreuzwege der Kommunikation. Ausgewählte Texte, hrsg. von Karhlheinz Barck. Wien/New York.

Innis, Harold A. (1951): The Bias of Communication. Toronto.

Jäckel, Michael (2005): Mediensoziologie. Wiesbaden.

Jäckel, Michael (2005): Medienwirkungen. Ein Studienbuch zur Einführung. Wiesbaden. Jahraus, Oliver/Nassehi, Armin et. al. (2012): Luhmann-handbuch. Leben – Werk – Wirkung. Stuttgart/Weimar.

Jay, Martin (1996): The Dialectical Imagination. A History of the Frankfurt School and the Institute of Social Research 1923–1950. Berkeley/Los Angeles/London.

Kant, Imanuel (1784/1999): Was ist Aufklärung? Ausgewählte kleine Schriften. Hamburg.

Keppler, Angela (2006): Mediale Gegenwart. Eine Theorie des Fernsehens am Beispiel der Darstellung von Gewalt. Frankfurt/Main.

Kittler, Friedrich (1986): Grammophon, Film Typewriter. Berlin.

Kittler, Friedrich (1985): *Aufschreibesysteme 1800/1900.* München.

Kittler, Friedrich (2002): *Optische Medien.* Berlin.

Kneer, Georg/Nassehi, Armin (1993): Niklas Luhmanns Theorie sozialer Systeme. München.

Koch, Christoph (2010): ich bin dann mal offline. Ein selbstversuch. Leben ohne internet und handy. München.

Koschorke, Albrecht (1999): Körperströme und Schriftverkehr. München.

Krämer, Sybille (2008): Medium, Bote, Übertragung. Kleine Metaphysik der Medialität. Frankfurt/Main, S. 20–33.

Lange, Patricia G. (2008): Publicly Private and Privately Public: Social Networking on YouTube, Journal of Computer-Mediated Communication 13 (2008), pp. 361–380.

Latour, Bruno (2006): Über technische Vermittlung: Philosophie, Soziologie und Genealogie. In: Belliger, Andréa / Krieger, David J. (Hrsg.): ANThology. Ein einführendes Handbuch zur Akteur-Netzwerk-Theorie. Bielfeld, S. 483–528.

Latour, Bruno / Woolgar, Steve (1979): Laboratory Life. The Social Construction of Scientific Facts. Beverly Hills.

Law, John / Moser, Ingunn (2007): Good passages, bad passages. In: Asdal, Kristin / Brenna, Brita / Moser, Ingunn: eds. *Technoscientific cultures: The Politics of Interventions.* Oslo, pp. 157–178.

Lepsius, M. Rainer (1964): Kritik als Beruf. Zur Soziologie der Intellektuellen. In: Kölner Zeitschrift für Soziologie und Sozialpsychologie 16, S. 75–91.

Lim, Merlyna (2012): Clicks, Cabs, and Coffee Houses: Social Media and Oppositional Movements in Egypt 2004–2011. Journal of Communication 62, pp. 231–248.

Luhmann, Niklas (1982/1994): *Liebe als Passion.* Frankfurt/Main, S. 21–40.

Luhmann, Niklas (1997): *Die Gesellschaft der Gesellschaft.* Frankfurt/Main, S. 190–204.

Luhmann, Niklas (1995): *Die Realität der Massenmedien.* Wiesbaden.

Luhmann, Niklas (1990): *Der medizinische Code. In: Ders. (Hrsg.): Soziologische Aufklärung 5. Konstruktivistische Perspektiven.* Opladen, S. 183–196.

Luhmann, Niklas (1975/2005): *Veränderungen im System gesellschaftlicher Kommunikation und die Massenmedien. In: Ders.: Soziologische Aufklärung 3. Soziales System, Gesellschaft, Organisation,* Opladen, S. 355–369.

McLuhan, Marshall (2001): Das Medium ist die Botschaft, hrsg. von Martin Baltes. Dresden.

McLuhan, Marshall (1962): *The Gutenberg Galaxy: The Making of Typographic Man*; 1st Ed. Toronto.

McLuhan, Marshall (1964): *Understanding Media: The Extensions of Man.* New York.

McLuhan, Marshall / Fiore, Quentin (1967): *The Medium is the Massage: An Inventory of Effects*

Mead, George H. (1934/1998): Geist, Identität und Gesellschaft. Frankfurt/Main, S. 177–230.

Mersch, Dieter (2006): Medientheorien zur Einführung. Hamburg.

Miller, Daniel / Slater, Don (2000): The Internet. An Ethnographic Approach. Oxford.

Müller, Julian (2012): Systemtheorie als Medientheorie. In: Jahraus, Oliver / Nassehi, Armin et. al. (Hrsg): Luhmann Handbuch. Leben – Werk – Wirkung. Metzler, S. 57–62.

Postman, Neil (1985): *Wir amüsieren uns zu Tode. Urteilsbildung im Zeitalter der Unterhaltungsindustrie.* Frankfurt/Main.

Reichertz, Jo (2006). Die Macht der Worte und der Medien. Wiesbaden.

Requate, Jörg (1995): Journalismus als Beruf. Entstehung und Entwicklung des Journalistenberufs im 19. Jahrhundert. Göttingen.

Rich, F. (2011): Wallflowers at the revolution. New York Times. (05.02.2011). http://www.skidmore.edu/~mmarx/105S11/Wallflowers@RevolutionNYT.pdf.

Ritzer, George (1997): *Die McDonaldisierung der Gesellschaft.* Frankfurt/Main.

Schüttpelz, Erhard (2013): Elemente einer Akteur-Medien-Theorie. In: Thielmann, Tristan / Ders. (Hrsg): Akteur-Medien-Theorie. Bielefeld, S. 9–67.

Simmel, Georg (1900/1989): Philosophie des Geldes. Frankfurt/Main.

Simmel, *Georg (1903): Die Großstädte und das Geistesleben. Frankfurt/Main.*

Stäheli, Urs (2000): »Die Kontingenz des Globalen Populären«. Soziale Systeme, 6 (1), 2000, S. 85–110.

Stichweh, Rudolf (2000): Die Weltgesellschaft. Frankfurt/Main..

Tarde, Gabriel (1883/2009): Die Gesetze der Nachahmung. Frankfurt/Main, S. 81–109.

Weber, Max (1904): Die protestantische Ethik und der ›Geist‹ des Kapitalismus. in: *Archiv für Sozialwissenschaft und Sozialpolitik* 20, S. 1–54.

Weber, Max (1919/1988): Politik als Beruf. Vortrag. In*: Gesammelte Politische Schriften,* hrsg. v. Johannes Winckelmann, Tübingen, S. 505–560.

Münch, Richard / Schmidt, Jan (2005): Medien und sozialer Wandel. In: Jäckel, Michael: Lehrbuch der Mediensoziologie. Opladen, S. 91–106.

Webster, Sean (2011): Has social media revolutionized revolutions? World News 87 (15). Abrufbar unter: http://www.jcunews.com/2011/02/16/has-social-media-revolutionized-revolutions/ (18.09.2013).

Wiggerhaus, Rolf (2001): Die Frankfurter Schule. Geschichte. Theoretische Entwicklung. Politische Bedeutung.

Winkler, Hartmut (1991): Switching – Zapping. Ein Text zum Thema und ein parallellaufendes Unterhaltungsprogramm. Darmstadt.

Ziemann, Andreas (2006): Soziologie der Medien. Bielefeld.

Indexverzeichnis

Lothar Bunn
Erfolgreich Klausuren schreiben
UVK UTB